호암의
마지막
꿈

HERITAGE SERIES 01

창업주의 기업가정신

반도체에서 한국의 미래를 발견한 호암의 혜안과 결단

호암의
마지막
꿈

유귀훈 지음

블루페가수스

헤리티지 시리즈 01

호암의 마지막 꿈

초판 1쇄 발행 2018년 1월 25일

지은이 유귀훈
펴낸이 조자경
펴낸곳 도서출판 블루페가수스

책임편집 최서윤
디자인 이하나
마케팅 천정한

출판등록 2017년 11월 23일 (제2017-000140호)
주소 07327 서울시 영등포구 여의나루로71 동화빌딩 1607호
전화 02)780-1222 **주문팩스** 02)6008-5346 **이메일** hanna126@hanmail.net

ⓒ 2018 유귀훈

ISBN 979-11-962853-0-2 03320

모두가 반대한 반도체 산업,
대한민국 미래의 성장동력이 되다

'반도체 착시', '반도체 호황 착시', '반도체 착시효과 경계'… 거의 모든 언론이 이런 타이틀의 기사를 쏟아내고 있다.

"… 경제지표 아홉 개가 엉망이고 단 한 개만 괜찮아도 사람들은 그 한 개의 착시에 매달려 모든 게 괜찮을 것이라는 낙관을 만들어낸다. 1995년 전후에도 반도체 호황이 곪아터진 경제의 실상에 착시를 일으킨 끝에 97년 경제위기를 부른 원인이 되기도 했다…"는 기사를 보면서 한 가지 아쉬운 점이 있다. 이런 기사들이, 반도체 호황이 마치 잘못된 일이

기라도 한 듯한 뉘앙스를 풍긴다는 점이다.

반도체 수출은 2017년 979억 4,000만 달러를 기록했다. 우리나라가 무역통계를 작성하기 시작한 1956년 이후 단일 품목으로 연간 900만 달러 이상 수출한 건 사상 처음이다. 반도체 수출이 전체 수출에서 차지하는 비중은 무려 17퍼센트에 달한다. 그런데도 언론들은 'A'를 강조하기 위해 'B'는 어떻게 돼도 상관없다는 식이다. 하지만 아무리 둔해도 설마 이것까지 모르지는 않을 것이다. 반도체 호황을 탓할 게 아니라 반도체만큼 아니 그 이상으로 다른 품목, 부문 또는 산업을 키워야 한다는 사실 말이다.

그러기 위해서 우리 반도체 산업의 역사를 돌아볼 필요가 있다. 현재를 재인식하고 미래를 전망하고 구상하는 데 과거를 되돌아보는 것만큼 좋은 학습은 없다. 특히 D램 48퍼센트, 낸드플래시 35.4퍼센트의 세계 시장점유율을 기록하며, 2017년에 24년간 세계 반도체 1위 기업이던 인텔까지 추월한 삼성 반도체 사업의 역사에서 그 해답을 얻을 수 있을지도 모른다.

1983년 3월 15일, 호암(삼성 창업주 이병철 1910~1987)은 '우리가 왜 반도체 산업을 해야 하는가?'라는 제목으로 이른바 '도쿄 선언'을 발표했다. 굳이 이런 선언문까지 발표한 건 삼성이 반도체 사업을 시작한다고 했을 때 정부 관련 기관들이 절대 안 된다고 반대했기 때문이다. 그 이유는 일면 타당했다. 삼성의 위기는 당연하고 곧 한국경제의 위기로 이어질 거라고 단정했기 때문이었다. 사실 삼성 내부에서도 호암과 한두 사람을 제외하고는 모두가 큰일 났다고 생각했다.

외국 반도체 기업과 연구소들이 삼성, 아니 한국이 반도체 사업을 하면 안 되는 이유를 더 정확하게 설명했다. 일본 미쓰비시연구소는 〈삼성이 반도체 사업에서 성공할 수 없는 다섯 가지 이유〉라는 보고서에서 한국의 작은 내수시장, 취약한 관련 산업, 부족한 사회간접자본, 삼성전자의 열악한 규모, 빈약한 기술을 지적했다. 한국개발연구원도 보고서에서 반도체는 인구 1억, GNP 1만 달러, 내수판매 50퍼센트 이상이 가능한 국가에서 할 수 있는 산업이다. 기술, 인력, 재원이 없는 우리에겐 불가능하다, 라고 단정 짓고 반대했다.

그럼에도 불구하고 삼성은 1984년 5월, 기흥공장 1라인을 준공했다. 그 해에 D램의 원작자인 인텔이 메모리 사업을 중단할 정도로 일본의 경쟁력이 막강했다. 그리고 10년 후 1994년의 D램 세계시장 점유율 1위는 삼성이었다. 도대체 무슨 일이 있었던 걸까? 이 책은 그 10년의 이야기다.

호암은 1987년 11월 19일 타계했다. 1라인, 2라인에 이어 3라인을 착공하고 3개월 후였다. 호암이 3라인 착공을 지시한 게 1987년 2월이었다. 그러나 모든 임원이 펄쩍 뛰며 놀랐다. 이미 반도체 사업의 누적 적자가 감당하기 어려운 상황이었다. 삼성그룹 위기는 공공연한 사실이었고, 정부 내에서도 삼성의 반도체사업을 스크랩해서 공사화해야 한다는 주장이 나오고 있었다. 삼성 내부에서도 "호암이 이전 같지 않다", "호암의 판단이 흐려졌다"는 말까지 나돌고 있었다.

호암이 "빨리 착공해라. 우리에게 가장 좋은 기회가 오고 있다"고 여러 번 말했지만 임원들은 처음으로 거짓말까지 하면서 3라인 착공을 미루었다. 그들은 자신들이 희생되더라도 그게 삼성을 지키는 일이라고 생각했다.

호암이 "내일 내가 직접 착공식에 참석하겠다"고 한 날이

1987년 8월 6일이었다. 다음 날 3라인 착공식이, 호암이 참석한 마지막 공식 행사였다. 그 무렵 호암이 이건희 부회장에게 반도체 사업을 계속할 것을 당부하며 이런 말을 했다고 한다.

"내 이름 석 자는 잊혀져도 내 꿈만은 기억될 수 있었으면…".

호암은 모두가 두려워한 암흑 속에서 혼자 무엇을 보았던 걸까?

이 책을 쓰기 위해 103분을 만났다. 이런 역사는 반드시 공개되어 모두가 공유해야 한다고 말한 103분과의 약속을 늦게나마 지키게 되었다. 이 기록을 꼭 정리하여 반도체 사업의 역사를 공유해야 한다고 주장한 사람은 이들뿐만 아니었다. 그동안 삼성 내외부에서 반도체사업에 참여했거나 옆에서 지켜본 사람들은 하나같이 그 필요성에 공감했다.

우리 모두 이 책이 허동현 교수가 〈공유하는 일본, 보고하는 한국〉에서 지적한 '보고하는' 우리의 기록문화를 바꾸는 계기가 되었으면 하는 기대를 갖고 있다.

1871년, 메이지 유신이 단행되고 3년 후다. 일본은 정부 부처의 중간 관리들과 유학생 등 100여 명으로 구성된 구미 사절단을 파견했다. 미국, 영국, 프랑스, 네덜란드, 독일, 러시아, 이탈리아, 스위스 등을 둘러보았다. 기록작가가 동행하여 구미 사절단의 여정과 성과를 기록했다. 그 보고서는 《미구회람실기米歐回覽實記》라는 제목의 책으로 발간돼 공개됐다. 꼭 10년 뒤 1881년, 조선도 구미 시찰단을 파견했다. 약 3개월에 걸친 이들의 여정과 성과는 붓글씨에 능한 아전들에 의해 80여 권의 보고서로 정리됐다. 고종과 일부 대신들에게 올라간 보고서는 그 후 행방조차 알 수 없었다.

유귀훈

일러두기

- 박찬욱 감독이 우리 영화는 감독의 주관적 설명이 너무 많다고 했는데, 우리 역사책들도 작가의 주관적 해석이 너무 많다. 길고 장황한 해석을 늘어놓아 역사인지 사설인지 알 수 없는 전기가 적지 않다. 그래서 해석은 자제하고 최소한의 설명만 추가했다. 역사는 독자들의 해석으로 완성된다.

- 기업명, 기관명, 인물의 직위와 직책, 수치 등은 서술 시점을 기준으로 사용했다. 단행본은 《 》, 논문이나 잡지, 보고서와 신문기사는 〈 〉를 사용했다.

대한민국 산업을 일으킨
기업의 모든 창업주들과 경영자들께
이 책을 드립니다.

미래를
읽는 눈

모든 게 불리한,

거의 불가능해 보이는 환경에서

호암은 반도체 산업에 뛰어든다.

그리고 40년.

그 과정은 위험하고

무모하기 짝이 없었지만

결과적으로

반도체 산업의

보이지 않는

미래를 읽어냈다.

chapter 01

반도체 산업에서
미래를 읽다

1978년 9월, 도쿄에 머물던 호암이 불쑥 질문을 던졌다.

"반도체가 뭐고?"

호암은 보고를 받다가 혹은 회의 도중에 느닷없이 질문을 던지곤 했다. 언제나 핵심을 콕 찌르는 질문이기 때문에 대충 어물쩍 넘어갈 수는 없었다. 원하는 대답을 듣지 못하면 질문은 계속 이어졌다. 꼬리에 꼬리를 물며 이어지는 호암의 질문법은 가까이 있는 비서진과 임원들에게 공포에 가까웠다. 마침 전자공학을 전공한 김광교 과장이 일본에 출장 중이어서 그를 호암의 방에 밀어 넣었으나, 그 역시 무척 곤혹

스러운 시간을 보내고 나서야 방에서 나올 수 있었다.

　자연계에 존재하는 물질은 다 나름의 성질이 있다. 가령 전기가 잘 통하는 것과 안 통하는 것이 있다. 전자는 금, 은, 구리, 철, 알루미늄 같은 도체이고 후자는 유리, 고무, 플라스틱 같은 부도체다. 그리고 어떤 세계든 존재하는 어중간한 물질이 반도체다. 순수한 상태에서는 부도체지만 특정한 자극을 받으면 일시적으로 도체가 되는 게르마늄과 실리콘이 대표적인 반도체다. 호암이 질문한 반도체는 그런 반도체 물질에 전자회로를 심어 연산이나 논리 혹은 기억과 저장 기능을 하는 반도체칩Integrated Circuit(집적회로)이었다.

　그 무렵 호암은 "도대체 반도체가 얼마나 중요하기에 고바야시 회장이 내 부탁을 거절하는가!"라고 입버릇처럼 말하곤 했다.

　냉장고, 흑백 TV 등을 만들던 삼성전자가 VCR과 컬러 TV를 개발한 이후 가장 큰 골칫거리는 반도체칩이었다. 거의 전량을 일본에 의존하다 보니 수급이 늘 불안했다. 반도체칩은 국내 전자 산업의 아킬레스건이었다. 일본전기주식회사(이하 'NEC')의 고바야시 회장은 호암과 삼성NEC(삼성SDI

의 전신)를 합작 설립한, 개인적으로도 상당한 친분을 유지하던 인물이다. 그에게 반도체 생산 라인을 보여 달라고 했다가 거절당한 호암은 그 일로 자존심에 꽤 큰 상처를 입었다.

일본에 대한 호암의 감정은 투 톤이었다. 가난한 나라의 사업가로서 일본의 앞선 기술과 자본을 동경하면서도, 언젠가 보란 듯이 일본을 꼭 추월하고 말겠다고 다짐했다. 전자 및 반도체 사업을 시작한 후 호암이 임원들에게 늘상 하던 말은 "일본은 하는데 우리는 왜 못하나?" 혹은 "도대체 일본을 이기지 못할 이유가 뭐고?"였다.

'반도체가 뭐고?'로 시작된 호암의 질문은 '반도체가 모두 몇 가지고?'로 발전했다. 그러나 반도체는 만드는 방법, 재료, 용도 등에 따라 분류하다 보면 그 가짓수가 무한히 늘어날 수 있다. 그런데 국내에는 호암에게 반도체에 대해 제대로 설명할 수 있는 사람이 단 한 명도 없었다.

서둘러 찾은 사람이 일본 산켄전기의 오타니 다이묘 회장이었다. 오타니 회장은 'Semi-conductor'를 '반도체半導體'로 처음 번역한 공학박사였다. 하지만 두 사람은 서로 답답하다고 투덜댔다. 오타니 박사는 호암에게 이렇게 말했다.

"저는 평생 반도체를 연구해왔지만 아직도 반도체를 완전히 알지 못합니다. 그러니 반도체는 젊은 사람들에게 맡기십시오."

오타니 박사는 호암을 몰랐다. 호암은 자신이 이해하지 못한 일을 다른 사람에게 맡기는 법이 없었다. 1978년 12월 한국에 와서 호암을 만난 당시 산켄전기의 기술취체역 덴다 쇼이치 박사를 일본에서 만났다. 그는 첫날 인사만 드리고 나올 줄 알았는데 거의 2시간 동안 반도체에 대한 질문이 이어졌다면서, 그 뒤로 만날 때마다 질문이 깊어졌다고 말했다.

제2의 진주만 공격을 당한 미국

작은 반도체칩 하나에 저항기, 축전기, 트랜지스터를 모두 올리고 간단하게 회로로 연결한 집적회로는 텍사스인스트루먼트의 잭 킬비가 처음 공개했다. 이전에는 저항기, 축전기, 트랜지스터를 일일이 전선으로 연결하여 전자기기 안에 밀어 넣었다.

킬비는 1959년 2월에 특허를 신청했다. 5개월 뒤에 페어차일드세미컨덕트의 로버트 노이스도 비슷한 아이디어로 특허를 신청했다.

1961년 4월, 노이스가 특허를 획득했다. 먼저 특허를 출원한 킬비는 1964년 6월, 특허를 획득했다. 텍사스인스트루먼트와 페어차일드는 근 10년간 특허공방을 벌였고 특허를 공유하는 데 합의했다. 노이스와 킬비는 공동으로 집적회로 발명자로 등재됐다. 집적회로에 대한 최초의 아이디어자로 인정받은 킬비는 2000년에 노벨 물리학상을 받았다.

노이스는 1968년에 고든 무어와 함께 인텔을 창업했다. 'Integrated Elec-tronics'의 약자인 인텔을 사명으로 정한 것에서 알 수 있듯이 이들은 오로지 집적회로 개발에 집중했다.

집적회로는 두 종류가 있다. 데이터를 저장하는 메모리 반도체와 연산을 담당하는 비메모리(시스템) 반도체. 인텔은 1970년에 메모리 1K^{Kilo} D램을 먼저 발표하고, 이듬해 비메모리 마이크로프로세서 4004를 선보였다. 경쟁사인 모스텍이 1974년에 4K D램을 개발하자, 인텔은 1976년에 16K D

램을 발표했다.*

인텔이 16K D램을 개발한 1976년, 일본 정부는 반도체 공업을 국책사업으로 지정하고 '초LSI 연구조합'을 지원했다. 초LSI란 VLSI를 말한다. IC는 트랜지스터가 1,000개 이하, LSI^{Large Scale IC}는 1,000~10만 개, VLSI^{Very Larger Scale IC}는 10만 개 이상이 들어가는 반도체칩이다. NEC, 도시바, 후지쯔, 히타치, 미쓰비시 등이 참여한 이 연구조합은 4년간 총

---

plus tip 반도체칩 기술은 크게 두 방향으로 발전했다. 디자인, 즉 설계 개선하기와 칩 안에 회로를 더 가늘게 새기기다. 후자인 미세 공정기술은 같은 크기의 칩 안에 더 많은 셀(Cell, 데이터가 저장되는 각각의 방)을 만드는 것이다. 각 셀은 1개의 트랜지스터와 1개의 축전기로 구성되는데, 1K D램은 1,000개 이상, 4K D램은 4,000개 이상, 16K D램은 1만 6,000개 이상의 트랜지스터가 집적된다. 집적도가 높아질수록 당연히 칩의 성능과 수익성은 향상된다. 1K, 4K, 16K, 64K, 256K, 1M, 4M, 16M, 64M…. 현재까지도 죽어라 하고 집적도 경쟁을 벌이는 이유다.

개발비 737억 엔 중 446억 엔을 정부에서 지원받았고, 나머지 291억 엔은 3년 거치 5년 분할 조건으로 상환했다. 1978년 16K D램을 개발한 일본은 엄청난 가격 경쟁력으로 미국 시장을 공략했다.

1970년대 후반 불황기를 맞은 미국 반도체 업체들은 설비투자를 줄이고 일본 전자 업체에 D램 등 메모리 제조를 맡겼다. 그리고 얼마 안 돼서 일본이 설계기술력까지 따라붙었다. 1978년 10월 후지쯔가 IBM, 텍사스인스트루먼트와 거의 같은 시기에 64K D램을 개발하더니 1980년 2월엔 NEC가 인텔과 거의 동시에 256K D램을 개발했다. 그해 NEC, 도시바, 히타치, 후지쯔, 미쓰비시의 평균 매출액은 80억 달러를 상회한 반면 텍사스인스트루먼트와 모토로라의 매출은 41억 달러와 31억 달러에 불과했다. 다른 미국 반도체 업체의 매출은 10억 달러 미만이었다.

미국은 기술을 도둑맞았다며 억울해했지만 일본은 이솝 우화 '개미와 베짱이'를 언급하며 당당히 대응했다. 미국이 설비투자를 게을리할 때 일본은 반도체 공업에 대한 지속적인 투자로 기술과 생산성을 끌어올렸다고 주장했다. 일본 정부의 든든한 지원을 받으며 일본 업체들이 '대규모 설비 투자와 양산을 통한 저가 전략'으로 미국 시장을 공략하는 데 대해 미국 언론은 '제2의 진주만 공격'이라고 표현했다.

미일 간 '반도체 무역전쟁'이 비화될 무렵, 호암의 '반도체 문답'이 시작되었다. 그런데 호암이 반도체 얘기가 나올 때마다 역정을 내며 한 말이 있었다.

"칩 하나도 제대로 못 만드는 그런 회사는 도대체 누가 인수했어?"

돈키호테가 설립한 한국반도체

보통 고미산업, 페어차일드, 한국시그네틱스, 한국마이크로, 모토로라코리아, IMEC, 민성전자, 한국도시바 등이 설립된 1965~1969년을 한국 반도체 산업의 태동기라고 한다. 하지만 이들은 모두 외국계 업체로, 한국도시바는 일본계이고 나머지는 모두 미국계였다. 이들은 모두 단순 조립 업체로 한국의 싼 인건비를 노리고 세워진 기업이었다.

반도체칩은 기초 공정, 웨이퍼 가공 공정(이하 'FAB 공정'), 조립 공정을 거친다. 기초 공정에서는 반도체칩의 기초 재료인 실리콘웨이퍼를 생산하고, 칩의 기본구조인 설계회로를 그리고, 설계회로를 웨이퍼에 전사할 때 사용하는 마스크를 만든다. FAB 공정에서는 마스크로 회로를 옮겨 그린 웨이퍼 표면을 파고 수많은 트랜지스터와 다른 소자들을 집적한다. 마지막 조립 공정에선 완성된 웨이퍼에서 각각의 칩을 잘라내 칩을 보호하는 리드프레임 등을 씌우고 연결하는 작업만 한다.

저 사람들 돈키호테 아니야? 모토로라, 콜린스라디오 등 미국 전자업계에서 통신장비 등을 수입 판매하던 켐코KEMCO와 강기동 박사가 국내에 FAB 공장을 신설하여 반도체칩을 직접 생산하겠다고 했을 때 그들에게 돌아간 반응이었다. 당시 국내 기술 수준은 트랜지스터도 대부분 일본에서 수입하는 상황이었으니 그럴 만도 했다.

강기동 박사는 서울대 공대를 졸업하고 미국 오하이오 주립대학에서 〈세라믹을 굽는 방법 및 결과에 대한 연구〉로 박사 학위를 받고, 모토로라 연구소에서 FAB 공정을 연구했다. 그는 실리콘밸리의 계기 전문업체 스튜워트워너로 옮겨 세일즈엔지니어로 근무하다가 켐코와 의기투합했다. 이들의 조합에 미심쩍은 면이 없지는 않았지만, 그들은 나름의 복안을 갖고 있었다.

웨이퍼와 설계회로, 마스크는 미국에서 공급받기로 하고, 실리콘밸리에 회로디자인업체 ICII Integrated Circuit Inter-national Inc.를 먼저 세웠다. 그리고 켐코와 ICII가 합작하여 한국에서 반도체칩을 제조하겠다는 사업계획안을 한국 정부에 제출했다. 그러나 반응은 시큰둥했다. 이미 국내에도 반도체 생산 공장들이 많이 있는데 굳이 합작까지 하면서 또 뭘 한단 말이냐는 반응이었다. 아마도 FAB 공장과 기존의 조립 공장들이 같다고 생각할 만큼 반도체 산업을 잘 몰랐기 때문인 듯싶다.

한국 정부는 1973년 7월 사업계획안을 접수하고 6개월이 지나 1974년 1월 26일에야 한국반도체공업주식회사의 설립을 승인했다. 생산한 반도체칩은 반드시 전량 수출해야 한다는 조건이 달린 승인이었다. 그 사이에 이스라엘과 아랍세계의 제4차 중동전쟁(1973. 10. 6~10. 25)이 벌어졌고, 그 후폭풍으로 제1차 석유전쟁이 시작되었다. 리비아, 이라크, 이란, 이집트, 시리아, 튀니지 등이 석유 수출 물량을 줄이고 가격을 인상했다. 그 영향으로 반도체 설비 가격도 폭등했다. 여유자금 없이 빠듯한 예산으로 경기도 김포에 공장(나중에 부천시에 편입돼 부천공장이 된다)을 짓고 있던 한국반도체는 곧 자금난에 봉착했다.

한국반도체는 사업계획서에 있던 차관 도입을 서둘렀지만 그마저 여의치 않았다. 미국에 현지법인을 세우고 합작한 것이 한국에서 차관을 받아 그 돈을 빼돌리려는 게 아니냐는 의심까지 받았다. 한국 정부는 전자 산업을 국책사업으로 육성한다면서도 정작 반도체 산업을 제대로 이해하지 못하고 있었다. 그 무렵 미국, 일본, 독일에 이어 대만도 정부가 반도체 산업을 전략적으로 지원하기 시작했다.

삼성이 한국반도체를 인수하다

결국 한국반도체는 공장을 제대로 가동해보지도 못하고

금호그룹과 금성사(LG그룹 전신)를 찾아가 인수 의향을 타진했다. 그러나 오일쇼크로 거의 모든 전자 업계가 조업을 단축하고 인원을 줄일 때라 인수는 이뤄지지 않았다.

삼성전자가 한국반도체의 존재를 알게 된 것은 1974년 여름이었다. 그 무렵 삼성전자는 일본에서 수입하는 트랜지스터의 물량을 확보하지 못해 애를 태우고 있었다. 이충수 자재부장이 신문에서 한국반도체 기사를 보고 찾아간 것은 혹시 트랜지스터 생산을 위탁할 수 있을까 해서였다. 그런데 뜻밖에도 한국반도체로부터 인수 제안을 받았다.

1974년 10월 4일, 사정이 급했던 한국반도체는 서둘러 준공식을 열었다. 생산을 위한 준공식이 아니라 매각을 위한 준공식이었다. 삼성전자 강진구 상무가 준공식에 참석했다. 2개월 뒤인 1974년 12월 6일, 광화문 켐코 사무실에서 인수계약이 체결됐다. 이날 삼성은 한국반도체의 켐코 지분만 인수했다. 나머지 50퍼센트의 지분을 가진 ICII는 그때부터 삼성의 합작파트너가 됐다. 호암은 이 계약 사실을 몰랐다.[*]

강기동 박사는 한국반도체의 공동대표로 남았지만 삼성

과 사사건건 의견 충돌을 빚었다. 강박사와 삼성이 생각하는 반도체 사업의 형태가 달랐기 때문이다. 강 박사는 한두 개의 반도체칩을 집중 개발하는 벤처기업을 원했고, 삼성은 삼성전자 등 전자 계열사들이 사용할 다양한 반도체칩을 생산하기를 원했다. 1975년 말 한국반도체를 떠난 강 박사는 원진레이온이 투자한 원진전자에 반도체 기술과 경험을 제공하려 했으나 그마저 무산되자 미국으로 돌아갔다. 원진전자가 지은 수원 FAB 공장은 나중에 삼성에서 인수했다.

미국에 가서 강기동 박사에게 인터뷰를 요청했다. 한국 정

plus tip 한국반도체의 켐코 지분을 인수한 건 삼성전자(법인)가 아닌 이건희 당시 중앙일보 이사(개인)였다. 그때 삼성전기, 삼성NEC 등 전자 부문이 모두 수년째 적자였다. 호암에게 올라가기 전에 투자보고서를 검토한 비서실에서는 또다시 전자 부문에 투자할 명분이 없다고 판단했다. 호암에게 한국반도체의 미래가치를 설명하는 사이에 다른 회사가 한국반도체를 낚아챌 수도 있었다. 이건희 이사에게 의논하자 일단 인수하자고 결정했다.

부와 삼성에 서운한 감정이 많았던 강 박사는 처음에는 거절했지만 거듭 부탁하자 만나주었다. 어쨌거나 자신은 반도체 사업가로는 실패했다고 말했다. 그러나 한국에 최초로 FAB 공장을 지은 선구자적 엔지니어였던 강 박사는 1997년 '과학의 날'에 삼성의 추천으로 한국 정부가 수여하는 은탑산업훈장을 수상했다.

한국반도체는 LED, LCD 시계칩을 만들어 국내외에 판매했다. ICII에서 설계회로와 마스크를 공급받아 부천공장에서 생산했는데, 부천공장 생산 라인에서 문제가 있을 때마다 마스크를 미국까지 보내 수정하는 건 매우 소모적인 일이었다. 한국반도체는 ICII의 지분을 인수하고 합작계약을 청산했다. 한국반도체는 1978년 삼성반도체로 이름을 바꿨다.

삼성그룹의 골칫거리가 된 삼성반도체

원진레이온이 FAB 사업을 포기하고, 이어 대한전선이 세운 대한반도체도 구미에 짓던 FAB 공장을 포기했다. 그제야 한국 정부는 〈제4차 경제개발5개년계획안〉(1977~1981)에서 반도체 산업의 지원 필요성을 언급했다.

"현재 국내 전자 공업은 노동 집약적 단순조립 형태로 국제 하청업에 불과하다. 흑백 TV의 경우 핵심 부품들을 수입하여 납땜하는 식으로 단순조립만 되풀이하고 있다. 웨이퍼 제조, 컴퓨터 등 기술 집약적인 산업으로 전환하지 않으면 언제까지나 이런 상황을 탈피할 수 없다."

그럼에도 정부의 후속 조치는 신속히 이뤄지지 않았고, 대신 기업들이 움직였다. 금성사가 투자한 금성반도체는 대한반도체가 짓다 만 구미공장을 인수했다.

삼성반도체는 페어차일드가 내놓은 대방동 조립 공장을 인수했다. FAB에서 조립까지 겉보기에는 제대로 된 생산 체제를 갖춘 것처럼 보였다. 그러나 속사정은 엉망이었다. LED, LCD 시계칩에 이어 트랜지스터와 '아날로그 IC'라고 불리는 기초적 수준의 리니어 IC를 생산했지만 삼성전자조차 사용하기를 꺼릴 정도로 하자가 많았다. 금성사와 대우전자에서 TV세트 값을 전부 물어내라고 하면 사정해서 트랜지스터만 일본 제품으로 교체해주곤 했다.

삼성반도체가 뭔가 개발했다고 하면 삼성전자 생산부에 비상이 걸리곤 했다. 삼성전자, 삼성전관, 삼성반도체 대표를 겸임하던 강진구 사장은 입장이 무척 난처했다. 삼성반도체를 무조건 봐줄 수도 없고, 삼성전자의 지원이 없으면 독자생존이 어려운 삼성반도체를 그냥 내버려둘 수도 없었다.

투덜거리는 삼성전자 생산부를 달래며 삼성반도체 부품을 사용하게 했지만 그런 식으로는 오래 버틸 수 없었다. 이미 자본금을 다 까먹은 삼성반도체는 주거래 은행이 어음용지 지급을 거절할 정도로 자금 상황이 심각했다. 삼성전자, 제일제당, 동방생명, 신세계 등 삼성 계열사를 쫓아다니며 급한 자금을 빌리곤 하던 삼성반도체는 삼성그룹의 골칫거리였다.

1978년 5월부터 2개월간 그룹 비서실에서 실시한 삼성반도체에 대한 경영진단 결과는 기술, 관리, 재무, 생산, 판매 등 모든 항목에서 더 이상 나빠질 게 없는 'F'였다. 일단 원진전자에서 인수한 수원공장과 페어차일드에서 인수한 대방동 조립 공장을 매각하고 조립 설비를 부천공장으로 옮겼다. 그럼에도 삼성반도체의 회생은 어렵다는 말이 나돌았다.
그 무렵 호암의 '반도체 문답'이 시작됐다.

경영
너머

광주민주화운동이 일어나는 등

국가적 혼란기였다.

그럼에도 기업은 움직였다.

삼성반도체가 삼성전자에 흡수되고,

먼저 선택권이 있던 기업들이 포기한

한국전자통신(국영기업)을

삼성이 인수했다.

이 무렵 삼성은 전자 산업뿐 아니라

거의 모든 부문에서 정부의 눈 밖에 났다.

그러나 그런 상황에서

호암이 놓은 돌들은 나중에 신기할 만큼

정확하게 연결된다.

chapter 02

삼성이 아닌 한국을 위한
마지막 사업

1961년 5·16 군사쿠데타가 발생했을 때 호암은 도쿄에 머물고 있었다. 국가재건최고회의*는 삼성을 포함한 국내 10대 기업 CEO를 부정축재자로 단정하고 수감했다. 그해 6월 26일 김포공항에 내린 호암도 명동 메트로 호텔에 연금됐다.

다음 날 박정희 국가재건최고회의 부의장을 만난 호암은 집으로 돌아갔고, 다른 기업주들도 풀려났다. 이들은 경제재건촉진회(전국경제인연합회의 전신)를 결성하여 정부의 경제 살리기에 참여했다. 박정희는 1963년 12월 대통령에 취임했다.

호암과 박 대통령의 신경전

1964년 8월, 호암은 한국비료공업주식회사를 설립했다. 비료 공장 건설은 박정희 대통령과 호암이 어쩌면 처음이자 마지막으로 뜻이 통한 사업이었는지 모른다. 호암은 이미 오래 전부터 비료 공장 건설을 구상 중이었고, 박 대통령도 수입에 의존하는 비료를 국산화하는 일이 꼭 필요하다고 생각했다.

그러나 울산 비료 공장의 완공을 눈앞에 둔 1966년, 비료 제조 원료로 수입한 OSTA라는 약품이 시중에 유출된 '한비 사건'이 터졌다. 호암은 그에 대한 책임을 지고 한국비료 지분을 국가에 헌납하고 경영 일선에서 물러났다. 그는 1986

plus tip 쿠데타를 주도한 박정희 등은 5월 16일 당일 발표한 군사혁명위원회를 이틀 후 국가재건최고회의로 이름을 바꿨다. 당시 육군참모총장 장도영이 의장, 박정희가 부의장을 맡았다. 무소불위의 이 군사내각은 1963년 12월 27일 제3공화국이 출범하기까지 입법, 행정, 사법의 3권을 행사했다.

년 발간된 자서전《호암자전》에서 그때의 상황을 밝혔는데, 한비사건의 이면에는 당시의 복잡한 정계 사정이 얽혀 있었다는 정도로만 짧게 언급했다. 그 후 호암은 사업과 정치는 불가근불가원이라는 말을 자주 했다.

삼성의 사정이 좀처럼 회복되지 않자 호암은 1년 만에 경영에 복귀했다. 그리고 시작한 신규 사업이 전자 사업이다. 그러나 넘어야 할 큰 산이 있었다.

한비사건 이후 박 대통령과 호암 사이는 단단히 틀어진 상태였다. 호암은 박 대통령의 전자 공업 특별고문인 김완희 컬럼비아 대학 교수를 만나 전자 공업에 참여하겠다는 의사를 전했다. 우회적으로 박 대통령의 승인을 받고자 한 것이다.

김 박사는 자신이 만나본 두 사람의 관계를 이렇게 해석했다. "두 사람 다 성격과 기질이 똑같이 강한 데다 어느 한 쪽이 먼저 굽히려고 하지 않았으니…."

김완희 박사가 재차 호암의 의사를 전하자 박 대통령은 아무 말도 하지 않았다. 그건 암묵적 승낙이었다. 박 대통령도 국가 주력산업으로 정한 전자 산업에 삼성 같은 기업이 참여하면 좋겠다고 여겼지만, 1950년대 후반부터 전자 사업을 해온 금성사와 동양정밀, 대한전선 같은 기존 전자 업계가 한사코 반대했다.

1969년 1월 생산 제품 전량을 해외로 수출하는 조건으로 삼성전자가 간신히 설립됐다. 그 후 호암은 이렇게 말하곤 했다.

"이 사업안은 버리지 말고 잘 보관해둬라. 언젠가 좋은 시절이 오면 그때 다시 해보자. 도대체 어떻게 하면 대통령과 정부를 이해시킬 수 있을까?"

삼성은 1970년대 후반 무척 힘든 시간을 보냈다. 주변의 도움으로 간신히 시작한 전자 사업뿐만 아니라 거의 모든 사업에서 정부와 의견이 맞지 않았다.

호암은 사업가로서 자신만의 철학과 소신이 있었고 그걸 고집했다. 이 사업은 왜 해야 하고 이 사업은 왜 지금 해서는 안 되는지를 분명히 따지고 실천했다. 그러나 호암의 그러한 사업가적 논리와 경영 노선을 탐탁지 않게 생각하는 사람들이 많았다. 정부와 언론은 호암이 소비재 산업에 안주한다고 비난했다.

1979년 10월 26일 저녁 7시 41분, 박정희 대통령이 김재규 중앙정보부장이 쏜 총에 맞았다. 10월 27일 새벽, 제주도를 제외한 전국에 계엄이 선포됐다. TV 속보로 박정희 대통령의 서거 소식을 접한 호암은 "무척 열심히 일한 대통령인데…" 하고는 뒷말을 잇지 못했다.

기업의 영리를 넘어 국책사업이 된 반도체

이어 광주민주화운동이 일어난 1980년 5월, 경제기획원 기획국에서 작성한 보고서 제목은 〈혼란과 대책〉이었다. 10·26 이후 외국은행들이 한국에 대한 신규 차관을 중단했다. 보고서에는 그로 인해 예상되는 외환 부도 시나리오와 대책이 담겨 있었다. 그해 1월 삼성전자는 삼성반도체를 반도체사업부로 흡수하고, 4월 삼성그룹은 체신부의 민영화 방침에 의해 시장에 나온 한국전자통신을 인수했다. 매우 혼란한 시기에 호암이 놓은 이 돌들은 나중에 정확하게 연결된다.

국가보위비상대책위원회는 경제와 여론이 악화되자 경제계 및 사회 주요 인사들을 차례로 불러 조언을 구했다. 1980년 6월에서 8월 사이의 일이다. 삼성에선 호암 대신 이건희 부회장과 전상호 삼성정밀 사장이 들어갔다. 그 자리에는 전두환, 노태우, 정호용 등이 앉아 있었다. 이건희 부회장은 전자 산업과 관련해 세트 산업과 부품 산업이 균형성장해야 할 필요성에 대해 설명했다.

당시 국내 전자 산업은 조금만 들여다봐도 엉망임을 알 수 있었다. 전자 완제품 생산량에 비해 반도체칩 등 부품 생산량이 절대적으로 적었다. 소재 및 부품의 대부분을 일본에서 수입했는데, 멋대로 수급량과 가격을 조절하는 일본 전자 업계의 눈치를 봤다. 그런 구조로는 전자 산업이 국가의 주력산업이 될 수 없었다. 상황이 이러한 데도 정부는 제4차 경제개발5개년계획에서 기계 공업과 전자 산업을 축으로 하여 GNP 성장률을 7퍼센트로 끌어올린다는 목표를 세웠다. 경제기획원 등 정부 부처와 학계에는 정부의 이런 모순된 경제정책을 지적하는 사람들이 적지 않았다.

박정희 대통령은 컬러 TV의 국내 시판을 불허했다. 국내

전자 산업이 어려우니 컬러 TV 판매와 방송을 허용해주자는 말이 나올 때마다 버럭 화를 내며 말했다. "그러니 잘사는 사람만 점점 더 잘살게 되는 거요. 농촌에서는 아직 흑백 TV도 못 보는데…."

1977년 금성사와 삼성전자는 컬러 TV 국산화에 성공했지만 국내 판매는 여전히 불가능했다. 게다가 미국과 유럽에 수출한 물량은 덤핑 판정을 받았다. 신정부는 1980년 12월 컬러 TV의 국내 판매와 방송을 전격 허용하고, 이듬해 6월 컴퓨터와 전자교환기, 반도체 산업을 국책사업으로 선포했다. 전두환 대통령에 이어 금진호 상공부 장관, 오명 체신부 차관 등이 부천공장을 다녀갔다. 한국화약, 한국고려시스템, 선경, 롯데, 국제, 쌍용, 동아건설, 동국제강 등이 반도체 사업을 검토했지만, 천문학적 투자 규모만큼 위험한 사업구조 때문에 망설일 때 현대가 상공부에 반도체사업계획서를 제출했다.

1987년까지 3억 7,800만 달러를 세 번에 나눠 투자하며, 투자가 완료되는 시점에 약 9억 5,000만 달러의 매출을 올린다. 매출의 70퍼센트는 수출을 통해 거둔다는 게 현대의 초기 계획안이었다. 이 계획서를 작성하기 위해 현대는 실리콘밸리의 투자자문업체인 KDK 일렉트로닉스에 〈반도체 사업 기술 및 제품 전략에 관한 조사 용역〉을 의뢰했다. KDK는 미국으로 돌아간 강기동 박사의 닉네임이었다.

호암은 왜 마지막 사업으로 반도체를 택했나

호암은 1981년 중반부터 반도체사업부 직원들을 불러 세계 반도체 시장 동향을 듣는가 하면, 현미경으로 웨이퍼를 들여다보기도 하고, 부천공장 클린룸이 가진 문제점의 개선방안 등을 물었다. 그동안 가끔씩 두둔하던, 반도체를 자체생산하지 않고 전자 사업을 하는 마쓰시타전기의 사업 방식도 더 이상 얘기하지 않았다.

1982년 1월 도시바가 'W 작전'을 발표하자 호암의 반도체 행보가 빨라졌다. S램에 주력해온 도시바는 일본 반도체 업계에서 최약체로 평가받고 있었다. 그런 도시바가 반도체 부문에 대한 대규모 투자로 1M(Mega) D램을 개발하겠다고 공표했다. 1M D램은 칩 안에 100만 개 이상의 트랜지스터가 집적된다. 당시 시장의 주력제품은 64K D램이었다. 그해 4월, 호암은 미국을 방문하여 보스턴 대학이 주는 명예 경제학박사 학위증을 받았다. *

호암의 미국행은 1961년 민간경제사절단장으로 방문한 이후 21년만이었다. 비행기 멀미가 심해 장거리 노선을 피하던 호암의 이번 미국 방문에는 또 다른 목적이 있었다. 그

---

plus tip "난 공부는 꽤 많이 한 것 같은데 졸업장은 한 장도 없어." 호암은 가끔씩 이렇게 말하며 웃곤 했다.

서당에 다니던 호암은 1922년 열두 살 때 진주 지수보통학교 3학년에 편입했다. 전학한 경성 수송공립보통학교와 중동중학교를 조기 수료하고, 1931년에 입학한 일본 와세다 대학 정치경제학과도 2년 만에 자퇴했다. 하지만 호암의 사업가적 소질은 《호암자전》에 슬쩍 언급돼 있다.

"조선어나 일본어는 100점 만점에 60~70점 정도이고, 창가(음악)와 도화(미술)는 간신히 낙제를 면할 정도였지만 산술(수학)만은 자신이 있었고 늘 상위였지."

는 동행한 이건희 부회장과 함께 IBM, GE, 휼렛패커드(이하 'HP'), 코닝 등을 방문했다. 미국 전자 업계의 최첨단 시설과 자동화 시스템 등을 돌아보던 호암은 몇 번이나 이렇게 말했다. "우리가 너무 늦은 게 아닐까? 너무 늦은 게 아닐까?"

미국에서 곧장 일본으로 날아간 호암은 일본전신전화주식회사(이하 'NTT')의 카타오카 박사를 만났다. 반도체 기술자인 카타오카 박사는 자신이 호암을 만난 경위를 이렇게 설명했다. "어느 날 생판 모르는 사람에게서 전화가 걸려왔는데 나의 한국에서의 어린 시절 얘기를 해서 깜짝 놀랐죠. 그가 말했어요. 호암이 한번 만나보고 싶어한다고."

카타오카 박사는 서울 주재 기자였던 부친 슬하에서 자랐는데, 서울에서 태어나 중학교까지 다니다가 일본으로 돌아갔다. 카타오카 박사의 어린 시절 추억을 나누던 호암이 본론을 말했다. "지금부터 반도체 사업을 본격적으로 하고자 합니다. 나의 마지막 사업이자 삼성의 대들보가 될 사업입니다. 나를 도와줄 수 없겠소?"

카타오카 박사는 '나의 마지막 사업이자 삼성의 대들보가 될 사업'이라고 말할 때 호암의 단호한 표정이 생생하게 기억난다고 말했다.

계속 반려되는 보고서, 호암의 다른 의중

카타오카 박사를 만나고 한국으로 돌아온 호암은 비서실 최성렬 과장을 불러 "앞으로 반도체 산업이 굉장히 중요하다. 지금 부천공장 정도로는 안 되니 좀 더 구체적으로 반도체 사업을 조사하라"고 지시했다.

다음 날 아침 부천공장으로 내려간 최성렬 과장은 김재명, 양덕준 등과 함께 보고서를 만들기 시작했는데, 이들은 부천공장의 사업을 확장하는 쪽으로 방향을 잡았다. 때문에 조사의 시작과 끝은 어디까지나 LSI였다. 이들은 시계칩과 트랜지스터, 리니어 IC를 생산하는 부천공장의 5년 후 매출을 700억 원으로 예상했다.

1982년 9월 호암에게 올라간 〈반도체 사업을 위한 시장 조사 및 사업성 분석〉 보고서는 즉시 반려됐다. 그들은 보고서가 여러 차례 반려되고서야 호암이 다른 생각을 하고 있다는 사실을 눈치 챘다.

호암은 VLSI를 염두에 두고 있었다. 그러나 LSI도 초기 단계이던 국내에서는 VLSI 관련 자료를 찾기가 어려웠다. 일본에서 구한 VLSI 관련 자료를 참고하여 작성한 보고서를 다시 올렸다.

그들은 그 보고서를 작성하면서 숫자가 잘못된 게 아닌지 몇 번씩 계산했다. VLSI의 소규모 생산 라인 하나를 짓는데 건물, 설비, 인력, 인프라 구축 등을 포함하면 대략 470억 원이 필요하다는 계산이 나왔다(지금은 생산 라인 하나를 건설하는 데 수조 원이 든다). 삼성전자의 총매출이 200억 원이 안 되던 때였으니 도대체 말이 안 되는 숫자였다. 자금 조달은 물론 채산성, 기술, 인력 등 모든 것이 막막했다. VLSI 사업은 삼성의 능력으로는 감당하기 어려울 것 같다는 결론을 담은 보고서 역시 그 즉시 되돌아왔다.

1982년 10월 1일, 한국전자통신이 반도체사업부를 흡수했다. 삼성 내부에서도 그 과정을 아는 사람은 몇 안 될 정도로 전격적이었다.

한국전자통신은 11월에 미국 국제전신전화사와 통신용

반도체 기술제휴를 맺고, 12월에 삼성반도체통신으로 상호를 바꾸었다. 그제야 NTT의 카타오카 박사를 기술고문으로 영입한 것과 한국전자통신을 인수한 배경이 퍼즐처럼 딱 맞춰졌다. 전자교환기용 반도체 부품을 사용하는 한국전자통신의 기술도입선이 NTT였다.

한국의 미래는 한국인이 책임져야 한다

1982년 10월, 이임성 박사가 김포 비행장에 내렸다. 스탠퍼드 대학에서 전자공학 박사 학위를 받고 GE와 IBM을 거쳐 캘리포니아 대학에 재직하던 이임성 교수를 호암에게 추천한 사람은 샤프의 사사키 박사였다. 샤프가 1978년 비메모리 사업에 진출할 때 미국 기술을 중개해준 이가 바로 이임성 박사였다.

호암이 반도체 사업계획서를 보여주자, 이임성 박사는 극구 만류했다. "비메모리는 기술이 너무 어렵고 메모리는 인텔이 사업 포기를 검토하고 있을 정도로 일본의 경쟁력이 막강합니다. 기술, 인력, 내수시장, 국가적 인프라 등 어느 것 하나 변변치 못한 상황에서 반도체 사업에 뛰어드는 건 다이너마이트를 안고 불 속으로 뛰어드는 것과 다를 바 없습니다."

그는 계속 말을 이었다. "한국에는 메모리 반도체의 주 시장인 컴퓨터 시장조차 형성돼 있지 않으니 도저히 승산이 없습니다."

그러나 이임성 박사는 그해 12월 초 삼성 합류를 결정했다. 호암, 이건희 부회장과 함께 헬기를 타고 기흥공장 예정부지를 둘러보고 나서다. 헬기에서 내려 산 중턱까지 걸어 올라간 호암이 말했다.

"내 나이 칠십이 넘었다. 그런 내가 돈 때문에 이렇게 힘들고 위험한 사업을 하겠느냐. 돈은 쓸 만큼 있다. 내가 이러는 건 나라의 장래를 생각하기 때문이다. 한국의 전자 산업은 지금처럼 부품 조립만 해서는 살아남을 수 없다. 전자 산업을 안정시키기 위해서는 반드시 반도체 산업이 필요하고, 더구나 반도체 산업은 다른 모든 산업의 기초 산업이 아닌가. 지금 반도체 산업을 하지 않으면, 한국의 미래는 어둡다.

한국인 기업가와 과학자들이 한국을 돕지 않으면, 누가 한국을 돕겠는가?"

호암은 다른 재미 한인 과학자들에게도 같은 말을 했다. 호암은 마음에 없는 말을 하는 성격이 아니었다.

이임성 박사는 미국과 일본 반도체 시장의 동향을 분석하고 사업의 방향을 조언하는 역할을 맡았다. 회로를 설계하고 공정 개발에 참여할 엔지니어들은 따로 스카우트하기로 했다.

이임성 박사가 추천한 이상준 박사와 이일복 박사를 만나기 위해 박희준 이사와 최성렬 차장이 미국으로 향했다. 그무렵 이상준 박사는 컨트롤데이터, 하니웰을 거쳐 자일로그에서 근무하고 있었고, 이일복 박사는 인텔에서 내셔널세미컨덕터로 넘어와 64K D램을 개발하고 있었다.

한국인 유학생들은 대부분 졸업 후 미국 현지에서 직장을 구했다. 과학자로서 그들의 꿈은 세계적인 과학이론과 실용기술을 개발하는 것이고, 그러기 위해서는 기초기술과 인프라가 잘 갖춰진 미국에서 연구하는 것이 유리했기 때문이다. 그들로서는 당연한 바람이었고, 특히 최첨단 반도체 기술을 염두에 두고 있다면 더 말할 것도 없었다.

두 사람은 반도체 기술과 인프라가 앞선 미국 반도체 업체를 떠날 생각이 없었고, 한국의 반도체 산업의 전망을 매우 부정적으로 내다보고 있었다. 그러나 용인 자연농원을 둘러보고 호암을 만나본 뒤 그들은 삼성의 반도체 사업에 참여하기로 했다.

그들은 매월 400~500만 원의 급여와 아파트를 제공받았다. 당시 삼성 사장단의 월급이 100만 원선이었다. 실리콘밸리에 현지법인을 설립하여 그곳에서 근무하고 싶다는 요구 조건도 수용됐다. 한국 반도체 산업의 불안한 전망 등 그들의 현실적인 고민과 망설임을 삼성은 높은 보수와 파격적 대우로 상쇄시켰다. 하지만 그들이 삼성에 합류하기로 결정한 것은 꼭 그 때문만은 아니었다.

1982년 말 반도체사업계획서를 정부에 제출한 현대도 재미 반도체 엔지니어들을 스카우트하려 했다. 삼성이 찾아가기 전, 현대에서 먼저 이상준 박사를 찾아갔다. 정주영 회장과 함께 헬기를 타고 울산 현대자동차와 현대중공업을 둘러본 이상준 박사는 자신이 삼성을 선택한 이유를 이렇게 말했다.

"삼성의 사업계획서가 훨씬 더 구체적이었습니다. 게다가 나이 칠십이 넘어 자신이 가진 모든 것을 걸고 반도체 사업에 올인하는 이유가 무엇이겠느냐는 호암의 말에 큰 자극을 받았죠."

신중한
결정

삼성은 1983년 3월
'도쿄 선언'으로
반도체 산업 진출을 공식화했다.
미국, 일본 등
반도체 선발 국가들은 비웃었고,
국내에서도 반응은 부정적이었다.
그러나 기업 경영에 있어
자기 철학과 소신이 뚜렷한 호암은
흔들림이 없었고,
한번 내린 결정은
번복하지 않았다.

chapter 03

세계 시장에 던진
공식 출사표, 도쿄 선언

　박희준 이사, 박신용 과장 등은 1982년 초부터 상공부 전자전기공업국으로 거의 출근하다시피 했다. 그때까지 반도체 핵심 장비와 기자재 대부분은 관세분류표에 존재하지 않았다. 그러다 보니 세관에서 엉뚱한 항목에 포함시켜 엄청난 세금을 부과하기도 했다. 가령 마스크의 미세 패턴을 웨이퍼 표면에 전사할 때 사용하는 마스크 얼라이너^{mask aligner}를 일반 사진기로 분류하여 40퍼센트의 수입관세를 부과했다. 세관에 반도체 산업을 설명하고 사정도 해봤지만 들은 척도 하지 않았다. 여러 기관을 쫓아다녔지만 소용이 없었다. 마지막으로 전자 공업을 주관하는 상공부에 직접 하소 연하기로 했다.

상공부 전자전기공업국 직원들은 삼성 직원들이 나타나면 고개를 돌렸다. 끈질기게 찾아가자 마지못해 조금씩 귀를 기울였고, 관세 문제는 어디까지나 재무부 소관이라며 상공부가 어떻게 할 수 있는 일이 아니라고 미안해했다. 삼성의 거듭된 요청을 거절하지 못한 상공부에서 재무부 관세국에 문제를 의논하자 업계의 주장에 현혹되지 말라는 충고 내지 빈정거림이 돌아왔다. 자존심이 상한 상공부 직원들이 발끈했지만 사실 재무부 관세국도 힘이 없었다. 기본 관세율 개정은 입법 사유로 국회의 의결을 거쳐야 하는 일이었다.

입법 절차를 거치지 않고 관세율을 내릴 수 있는 딱 한 가지 방법이 있었다. 바로 쌀, 휴지 등 국민생활 필수품목에 한해 수급 차질로 사회 혼란이 일어날 지경이 되면 한시적으로 관세율을 인하하는 할당관세였다. 반도체의 중요성, 반도체가 없으면 국책사업으로 추진하는 전자 산업이 기형이 될 수밖에 없다는 사실을 깨달은 상공부가 할당관세를 적용하면 어떠냐고 묻자, 재무부는 어이없다며 상대조차 하지 않았다. 우여곡절 끝에 국무회의의 의결을 거쳐 마스크 얼라이너 등 핵심 반도체 재료에 대해 할당관세율이 적용됐다.

이를 시작으로 반도체 품목에 대한 관세율이 낮아지고, 복잡한 행정 절차도 상당 부분 개선됐다. 1차 설비자금으로 1,500만 달러의 차관 도입 신청도 통과됐다.

그동안 삼성은 〈반도체란 무엇인가〉, 〈마법의 돌, 반도체〉 등의 제목으로 반도체의 특성과 용도, 반도체 산업이 산업 전반에 미치는 영향, 미국과 일본의 투자 패턴 등을 인쇄한 만화, 포스터, 책받침 등을 정부 부처에 배포하고, 시리즈 신문광고도 내보냈다. 그러나 경제기획원과 재무부는 여전히 반도체 산업 지원에 지극히 회의적이었다.

실물경제를 책임지는 경제기획원과 재무부의 반대 논리는 한국의 경제적 규모나 능력에 비해 설비투자가 많은 자본집약적 반도체 산업은 너무 버겁다는 것이었다. 그들은 반도체 산업을 지원할 자금이 있으면 더 많은 유휴인력에게 일자리를 줄 수 있는 노동집약적 산업을 지원해야 한다고 주장했다. 상공부가 반도체 산업과 관련된 안건을 올리면 경제기획원과 재무부는 으레 반대하거나 지원 폭을 줄이려 하는 줄다리기가 계속됐다.

한국의 경제 능력에 비해 반도체 산업은 너무 벅찬 게 사실이었다. 기술인력 부족, 지독하게 짧은 제품 사이클, 그에 따른 연속적인 시설투자, 관련 산업 등 인프라 부족 등등 안되는 조건을 나열하자면 끝이 없었다. 만약 삼성 같은 대기업이 어줍게 나섰다가 큰 타격이라도 입으면 국가적 부담으로 돌아오게 되니 반도체 산업을 반대하는 쪽의 논리도 상당한 설득력이 있었다.

비공식 조직 동경정보센터

1982년 12월 18일 오전 10시 삼성 본관 28층 회의실. 호암은 홍진기 중앙일보 회장, 김광호 상무, 이승규 부장, 최창호 차장, 노희식 과장 등에게 반도체 사업을 해야 할지 말아야 할지를 차례로 물었다.

김광호 상무와 최창호 차장이 부천공장의 문제점과 예상

되는 VLSI 사업의 어려움을 말하자, 호암은 실패를 두려워하는 건 패배주의라고 단호하게 말했다. 반도체 사업을 시작하는 쪽으로 이미 결론을 내린 호암은 곧바로 도쿄로 날아갔다. 기흥부지에 대한 사전 조사도 끝나고, 비서실에서는 반도체 사업 타당성을 다각도로 검토하고 있었다.

1982년 삼성 도쿄 지사에 동경정보센터라는 비공식 조직이 생겼다. 한기선 고문, 김홍인 부장, 김용걸 등은 호암이 만나겠다는 외부 인사를 섭외하기 위해 하루 종일 전화를 돌리거나, 그가 요구하는 자료를 구하기 위해 무릎이 아플 정도로 뛰어다녔다. 호암은 이들이 수집한 자료와 정보를 꼼꼼하게 읽고 연결하며 세계 반도체 시장의 동향을 파악했다.

동경정보센터의 역할은 호암의 발이 되는 것이었으며, 본사의 급한 요청을 처리했다. 기흥공장 2라인을 지을 때다. 기흥에서 일본 클린룸clean room 전문회사에 설계를 의뢰하자, 전체적인 레이아웃을 물었다. 먼저 레이아웃이 나와야 벤치 등 각각의 설비와 기계 위치, 터널의 구조가 나온다고 했다. 기흥에서 고민하던 문제가 동경정보센터로 넘어왔다. 긴급 오더를 받은 동경정보센터는 히타치의 클린룸 벤치를 만든 기술자를 찾아냈다. 그는 히타치 클린룸의 구조를 기억하고 있었다. 그의 기억을 일부 빌리자, 기흥에서도 도면을 그릴 수 있다는 연락이 왔다.

실리콘밸리의 황색 침입자

1983년 1월 7일 삼성 본관 606호실. 홍종만, 박희준, 최성렬, 정병선, 김재명, 최생림, 이윤우, 임종성, 김재욱, 안정삼, 이용호, 이충전, 조병수 등이 모였다(회사, 부문, 직위 생략). 출근하다가 정문에서 VLSI 사업추진팀으로 발령이 났다는 말을 전해 들은 사람도 있었다.

그들 중 16명이 기흥공장 건설 TF팀이었다. 호암은 그룹 사장단과 함께 이들을 모두 불러 한 명씩 사원카드를 보면서 인터뷰했다. 반도체 사업의 필요성을 강조하고 사업을 성공시키기 위해서 그룹 전체가 혼연일체가 돼야 한다고 강조한 호암은 마지막에 이렇게 말했다. "이제부터 내가 반도체사업본부장이다."

호암의 이런 의지가 전해지면서 VLSI 사업부의 움직임은 마치 출동 명령이 떨어진 군대를 방불케 했다. 1월 9일, 박희준 이사, 임종성 과장, 정병선 과장, 이용호 과장, 김재명 등 여섯 명이 미국으로 출발했다. 한 발 앞서 실리콘밸리에 도착한 이윤우 부장, 최성렬 차장, 그리고 현지에 있던 이상준 박사, 이일복 박사와 함께 VLSI 사업의 계획서를 최종 확정하기 위해서였다.

이들은 미국에 도착하기 전까지는 국내에서 작성한 사업계획서를 조금만 보완하면 될 거라고 생각했다. 그러나 현지에서 만난 반도체 산업은 딴판이었다. 투자 규모도 턱없이 적게 산정했지만 무엇보다 생산 품목을 잘못 짚고 있었다. 삼성은 컬러 TV, 오디오, OA 기기 등에 들어가는 가전용 반도체에 초점을 맞췄는데, 세계 반도체 시장은 D램 등 기억 소자류와 마이크로프로세서가 대세였다.

사업계획서의 전면적인 수정과 보완이 필요하다는 보고를 받은 서울에서는 관련 자료를 계속 요청했다. 모든 인원이 실리콘밸리의 학교와 연구소 등을 돌아다니며 관련 자료를 찾았다. 현지 언론에서는 '황색 침입자Yellow Invader'라는 타이틀로 경계를 강화하라는 기사를 내보냈다. 미국의 예민한 반응에도 불구하고 호암의 요구는 끝이 없었다. 어떤 보고서든 매번 또 다른 각도에서 조사를 지시했다. 호암의 계속되는 요구에 진이 빠진 두 명의 박사들은 여러 번 보따리를 쌌다가 다시 풀었다.

'호암의 나이 73세'에 도쿄 선언을 하다

호암이 매일 아침 가장 먼저 한 일은 VLSI 사업 보고서 검토였다. 서울의 VLSI 사업팀은 아예 퇴근을 포기했다. 덕분에 남대문 삼성 본관 건물 한 층은 불이 꺼진 적이 없었다.

서울, 일본, 미국에서의 숨 가쁜 릴레이 끝에 1983년 2월 초 〈VLSI 신규 사업계획서〉가 완성됐다. 이 보고서를 도쿄에서 최종 검토한 호암은 1983년 2월 8일 새벽 홍진기 회장에게 전화하여 VLSI 사업 진출 결정을 알렸다.

3월 15일, '도쿄 선언'으로 삼성의 반도체 사업 시작이 선포됐다. 호암은《호암자전》에 마치 자신에게 말하듯 그 의지를 밝혔다. "내 나이 73세, 비록 인생의 만기晚期이지만 이 나라의 백년대계를 위해 어렵더라도 전력투구해야 할 때가 왔다."

이때까지도 반도체 산업 육성에 대해 정부 부처의 의견은 분분한 상태였다. 상공부와 청와대 경제팀은 찬성, 경제기획원과 한국개발연구원은 반대였다. 그러나 컬러 TV 판매와 방송이 허용된 후 1980년대 초 반도체칩 수입 물량이 급증했다. 반도체칩의 국산화가 전자 산업의 안정 성장에 얼마만큼 중요한지 모르는 바가 아니었다. 다만 기초과학 및 기술이 부족하고, 생산설비 및 연구개발비의 조달이 어려운 상황이라 아직은 때가 아니라는 것이 그들의 주장이었다. 그러나 다행히 호암의 '도쿄 선언'을 지지해준 우군이 있었다. 특히 '안정·자율·개방'이라는 5공 경제정책의 기초를 만든 김재익(1938~1983) 경제수석이 힘을 보탰다. 그러나 김수석은 그해 10월 9일, 북한에 의해 자행된 '아웅산 묘소 폭탄 테러 사건' 현장에서 사망했다.

남과는
다른 공식

기흥 1라인은
보통 18개월 걸리는 공기를
8개월로 단축시켰다.
일반적인 릴레이 방식 대신
마라톤하듯 모든 공정을
한꺼번에 출발시킨 것이다.
건설뿐만 아니라 모든 부문에
'3분의 1 공식'을 적용한 호암은
내가 반도체사업본부장이라며
반도체 사업에
힘을 실어주었다.

chapter 04

'3분의 1 공식'에
숨은 내공

1983년 말 일본 히타치가 256K D램을 선행 출시하자 미국은 국방성과 IBM, 텍사스인스트루먼트, 웨스팅하우스 등이 공동연구를 추진하는 '초고속 집적회로Very High Speed Integrated Circuits 프로젝트'에 착수했다. 일본은 미국의 민감한 움직임에 신경쓰면서 한국의 동향도 주시했다. 하지만 사실 그들은 한국을 크게 걱정하지는 않았다. 기초기술, 장비, 유틸리티 등에서 한참 뒤떨어져 있었기 때문에 아무리 사업수완이 좋은 삼성도, 저돌적인 현대도 결국 자신들의 뒤를 졸졸 따라올 거라고 생각했다.

실제로 삼성과 현대는 기초기술은 물론 장비, 유틸리티 등 모든 면에서 어려움이 많았다. 이는 초기 제품 선정에도 영향을 미쳤다. 일단 설계도와 공정기술만 확보하면 곧바로 양산체제에 돌입할 수 있는 표준형 메모리를 개발하기로 했다. 반도체칩은 주 고객에 따라 표준형Standard Type과 주문형 Custom Type이 있다. 여러 용도에 두루 이용되는 표준형은 대량 생산이 가능해 단기간에 투자 – 투자회수 – 재투자의 사이클을 기대할 수 있다.

일단 메모리 부문에 투자하기로 했지만 D 램, S 램, EP 롬, EEP 롬, 마스크롬 중 어떤 것을 개발할 것인지에서 의견이 갈렸다. 메모리는 전원이 꺼지면 기억된 데이터를 모두 잃어버리는 램RAM과 전원이 꺼져도 데이터를 보존하는 롬ROM이 있다. 램은 데이터 저장방식에 따라 D 램, S 램 등으로 나뉘고, 롬도 저장방식에 따라 EP 롬, EEP 롬, 마스크롬, 플래시 메모리 등으로 나뉜다. 일본은 메모리 품목을 다양하게 생산하고 미국은 텍사스인스트루먼트와 모토로라를 제외하고는 한두 품목만 특화하는 게 일반적이었다.

그래서인지 일본 측 고문들은 대부분 D 램, S 램, EEP 롬 등을 모두 생산하자고 했고, 미국의 박사들은 한두 개 특정 칩에 집중하자고 했다. 호암은 어떤 일이든 의문이 풀릴 때까지 듣고, 또 들었다. 점차 일본 측 고문들을 만나는 횟수가 줄어들었다. 사실 많은 품목을 다양하게 생산하는 일본식은 모든 면에서 무리였다.

호암이 애초에 메모리로 방향을 잡은 것은 양산성에 승부를 걸겠다는 의도가 깔린 결정이었다. 그런 취지라면 회로 설계가 단순해서 집적도를 높이기 쉽고 제조비용이 적고 수요가 가장 많은 D램이 적당했다. 그러나 D램은 생산업체가 너무 많은 게 걸렸다. 미국과 일본에서 9개 기업이 64K D램을 생산하고 있었고, 그중 4개 기업은 이미 256K D램까지 개발한 상태였다. D램보다 속도가 빠른 S램은 생산업체 수가 적고, 삼성이 원하면 샤프로부터 기술을 이전받을 수도 있었다. 하지만 D램에 비해 수요가 적었다. 주로 소형 가전제품에 사용되는 EEP롬도 생산업체는 소수지만 수요가 너무 적었다.

그런데 카타오카, 이상준, 이일복 박사가 리스크가 너무 크다는 우려에도 불구하고 끝까지 D램을 주장했다. 이들은

S램, EEP롬이 기술습득과 시장 진입은 쉽지만 수요가 적어 애초에 메모리를 선택하면서 세운 양산 전략이 무의미하며, 생산업체가 많다고 D램을 회피하는 건 적이 많다고 군인이 총을 버리고 도망하는 것과 다를 바 없다며 버텼다.

회의에는 빠지지 않고 참석하지만 늘 묵묵히 듣기만 하던 호암이 1983년 4월 18일 최종 결정을 내렸다. 먼저 D램을 양산하되 S램, EEP롬도 함께 개발하기로 했다. 이 무렵 현대는 S램과 EEP롬을 먼저 개발하고 D램을 나중에 개발하기로 했으나 몇 년 후 전략을 수정하여 D램에 주력했다.

실리콘밸리에 자리 잡은 Tri-Star

도쿄 선언 이후 호암은 한 달에 두세 번 과장급까지 참석하는 반도체 회의를 소집했다. 호암이 보여준 의지와 열정과 달리, 이 사업에 몸을 담은 사람들은 반도체 사업을 두려워했다. 먼저 직접 개발을 담당할 미국의 박사들이 큰 부담감을 느꼈다. 그들은 만약의 경우 삼성이 받을 엄청난 타격을 걱정하며, 대규모 투자를 단행하기 전 안전장치를 마련하자고 제안했다. 가령 미국 현지법인에 소규모 테스트 라인을 설치하여 칩 개발에 성공한 후, 한국에 양산공장을 세우자고 했다. 또는 자체 개발은 어려우니 기존 반도체 업체를 통째로 인수해 사업을 시작하자고도 했다.

호암은 어떤 일을 결정하기 전까지는 너무 많은 것을 미리 걱정한다는 말을 들을 정도로 신중했다. 지나치게 사소한 것까지 챙기는 호암을 소심하다고 오해하는 사람들도 있었지만, 그렇게 상상할 수 있는 모든 수를 읽은 뒤 결정을 내리면 그는 전혀 다른 사람이 됐다. 옆에서 보는 사람들이 깜짝깜짝 놀랄 정도로 큰 결정들을 쉽게 내렸다. 도쿄 선언 이후 호암의 관심은 오직 양산 시기를 앞당기는 것뿐이었다.

미국 현지의 박사들이 말렸지만 호암은 미국 현지법인 신설과 국내 양산공장 건설을 동시에 추진하기로 결정했다. 그 무렵 호암은 반도체 사업의 중요성을 강조할 때마다 이게 나의 마지막 사업이라고 말했다. 그런 말을 몇 번 들은 최치환 고문과 홍종만 이사도 미국 현지법인 설립을 위해 떠나는 선발대에게 반도체 사업은 호암의 필생의 사업이라며 거듭거듭 최선을 다해줄 것을 당부했다.

1983년 4월 18일, LA에 도착한 양원석 차장은 배종렬 삼성물산 LA지점장을 만나 미국의 상관행과 풍속 등을 듣고 곧바로 실리콘밸리로 향했다. 몇 주 후 합류한 최성렬 차장, 유석렬 과장, 최광해 등과 함께 연건평 930평의 2층 건물을 임대하여 1983년 7월 11일 Tri-Star Semiconductor를 설립했다. 원래 투자허가 신청서에는 Samsung Semiconductor & Telecommunications International로 표기돼 있었으나 급하게 이름을 바꾸었다. 이는 일본에 대한 실리콘밸리의 악감정을 피하기 위한 궁여지책이었다.

Tri-Star의 사업계획서에는 설계, 아키텍처, 프로세스 엔지니어들을 각각 몇 명씩 정해진 기한 내에 뽑기로 돼 있었다. 일단 이임성, 이상준, 이일복 박사 등과 같이 공부했거나 혹은 현지 업체에서 함께 근무한 적이 있는 엔지니어들을 스카우트하기로 했다. 그러나 6개월이 지나도록 단 한 명의 엔지니어도 확보하지 못했다.

현지 엔지니어들은 하나같이 "돈만 있다고 할 수 있는 사업이 아니다. 기술도, 엔지니어도 없이 어떻게 반도체 사업을 할 생각이냐?"고 반문했다. 그들은 Tri-Star가 곧 문을 닫을 거라고 여겼다.

간신히 채용한 첫 번째 엔지니어가 열 살까지 수원에서 살다가 미국으로 건너간 중국인 첸 왕이었다. 내셔널세미컨덕터에 근무하던 그를 일주일이 멀다 하고 찾아간 지 4개월 만이었다. 첸 왕이 Tri-Star에서 받는 높은 보수가 알려지면서 내셔널세미컨덕터, 시너텍, 하니웰 등에서 근무하던 엔지니어들이 하나둘 건너왔다. 시너텍에서 가공 공정을 연구하던 이종길 박사와 인텔의 D램 설계 엔지니어 박용의 박사도 Tri-Star에 합류했다. Tri-Star는 400여 명의 현지 직원을 채용했다.

Tri-Star는 미국 현지 연구개발 및 판매 기지였다. 그런데 Tri-Star 사업계획서에는 초기에 수행할 역할이 하나 더 명시돼 있었다. 국내 엔지니어들의 미국 현지 기술연수 기지 역할이었다. 1983년 10월, 1차 34명을 시작으로 모두 170명의 연수생이 Tri-Star에서 설계, 테스트, 공정 등의 기초기술을 배우고 돌아왔다. 연수생들은 Tri-Star로 떠나기 전 한국에서의 합숙교육 마지막 날, 무박 2일 동안 64킬로미터를 행

군하며 64K D램 개발 의지를 다졌다.

현대전자는 Tri-Star보다 4개월 먼저 산타클라라에 현지 법인 Modern Electro Systems Inc.(이하 'MEI')를 설립했다. Hyundai가 아니라 Modern이라 한 것은 삼성과 같은 이유였다. 하지만 미국 입장에선 다를 것이 없었다. "일본 때문에 죽을 맛인데 한국까지 또!"라며 투덜댔다. Tri-Star에서 몇 블록 떨어진 곳에 있는 MEI의 대표이사는 정주영 회장이었다.

대우도 실리콘밸리에 현지 사무소를 신설했다. 삼성, 현대, 대우가 마치 약속이나 한 것처럼 거의 같은 시기에 실리콘밸리에 진입했다. 그곳이 세계 반도체 기술의 메카였기 때문이다.

MEI는 5,500평의 부지를 매입하여 연건평 2,800평의 공장건물을 신축했다. Tri-Star는 미국 현지에서 기술개발 및 판매를 담당하고 생산은 기흥에서 하기로 한 반면, MEI는 현지에서 기술을 소화하고 소규모로 생산까지 하기로 했다. 그러나 MEI는 1986년에 독일 지멘스에 공장건물을 팔고 제조장비를 한국으로 가져왔다. MEI의 철수는 Tri-Star에게 불리하게 작용했다. 그 후 3~4년간 신규 엔지니어 채용에 애를 먹었다. 인터뷰를 할 때마다 현지 엔지니어들이 너희들도 MEI처럼 갑자기 문 닫고 철수하는 거 아니냐고 물었다.

10만 평 기흥부지를 마련하다

호암이 비서실 노희식 과장을 불러 서울에서 1시간 거리에 있는, 공기가 맑고 물이 많고 고속도로에서 진입하기 쉬운, 평당 1만 원 정도인 땅 5만 평을 알아보라고 한 것이 1982년 7월이다. 그 무렵 '수도권 인구 분산 정책'에 의해 화성군 반월면, 수원, 용인군 수지면, 광주군 광주면 이북은 개발이 제한되고 있었다.

부동산팀이 처음 찾아낸 곳은 용인자연농원 동쪽의 용인군 포곡면 삼계리 지역과 북쪽의 용인군 용인읍 삼가리 지역이었다. 두 곳 모두 자연농원의 물과 관리시설을 그대로 활용할 수 있어서 좋다고 생각했다. 그러나 11월 초 아침에 두 곳을 둘러본 호암은 삼계리 지역은 산이 너무 높고, 삼가리 지역은 너무 외지다고 지적했다.

그날 점심 때 매주 수요일 안양컨트리클럽에서 모이는 '수요회'에 참석한 호암이 이것저것 걸리는 게 많아 공장도 하나 못 짓겠다고 말하자 며칠 후 박태원 동방생명 고문에게서 삼성전자 수원공장과 신갈저수지 사이에 적당한 땅이 있다는 연락이 왔다.

12월 초 호암, 이건희 부회장, 이임성 박사가 탄 헬기가 기흥부지 위를 한 바퀴 돌았다. 해발 100미터 정도의 야산에는 눈이 꽤 많이 쌓여 있었다. 삼성전자 수원공장에 내려 지프로 갈아타고 기흥부지 인근에 도착한 호암은 천천히 걸어서 산중턱까지 올라갔다. 경부고속도로에서 빠져나와 10분 안에 도착할 수 있어 위치는 나무랄 데 없었지만 산에 잡목과 잡초가 무성하고 지형이 가팔라 흔히 말하는 '못 쓰게 생긴' 땅이었다. 그러나 경부고속도로가 내려다보이는 곳에 서서 주위를 둘러본 호암은 조용히 말했다. "되겠다."

일본 규슈는 1970년대까지 실리콘 섬으로 통했다. 반도체 공장들이 물이 많고 공기가 맑은 그곳에 다 몰려 있었다. 그러나 1980년대 이후 신설된 반도체 공장들은 대부분 규슈를 벗어났다. 반도체 공장이 청정 공장으로 진화하면서 인력과 원자재, 완제품의 반입과 반출이 쉽고 원활한 곳이 최적의 입지가 됐기 때문이다. 호암 역시 이를 염두에 두었다. 서울에서 1시간 이내 거리, 특히 사업 초기 재미 과학자 및 외국 기술진의 이동과 설비 및 원자재 수송이 용이한 곳을 찾은 것이다.

당시 누가 땅을 대량 매입한다는 소문이 나면 주변 땅값이 올랐다. 특히 공장부지를 매입한다는 소문이 나면 금방 수배나 오르곤 했다. 토지조사팀은 기흥 사정에 밝은 토지중개인을 앞세우면서도 매입할 땅의 용도와 전체 규모는 말하지 않았다.

1차로 매입할 5만 평은 소유주가 모두 47명이었다. 먼저 투자목적으로 사놓은 땅인지 실제 소유주가 거주하는 땅인지를 조사했다. 투자목적으로 사놓은 땅은 비교적 쉽게 매입할 수 있지만 소유주가 거주하는 땅은 다른 대안을 제시해야 했다.

미처 생각하지 못했던 건 농지였다. 평당 땅값이 들쭉날쭉했다. 삼성에서는 단순히 땅의 크기로 땅값을 계산했지만 땅 주인들은 땅의 생산성을 따졌다. 한 마지기에서 쌀 세 가

마 생산하는 땅과 쌀 다섯 가마 생산하는 땅은 다르다는 것
이다. 농지는 등기 문제도 있었다. 임야는 누구라도 등기할
수 있지만 농지는 거주자가 아니면 등기를 할 수 없다. 수원
지역에 거주하는 임직원들의 이름을 빌려 가등기를 했지만,
공장부지라는 소문이 나면서 이미 땅을 판 사람들까지 웃돈
을 요구했다.

가끔씩 걸려오는 호암의 격려 전화가 큰 힘이 되었다는 토
지매입팀은 1983년 3월 말까지 9만 2,182평을 매입했다. 기
흥부지는 그 후 20만 평으로, 다시 40만 평으로 확장됐다.

기흥부지의 용도변경을 위해 발로 뛰다

기흥읍 농서리 인근은 산림보존 지역이거나 경지 지역 혹
은 상수도보호 지역이 대부분이었다. 그런 곳에 공장을 지
으려면 반드시 땅의 용도를 변경해야 하는데 이를 위해서는
먼저 도시관리계획이 변경되어야 했다. 일의 순서는 용인군
과 경기도에서 검토하여 건설부에 올리면, 건설부가 농수산

부, 산림청, 환경청 등 관련 부처의 의견을 묻고 그 의견을 종합하여 최종적으로 변경 여부를 결정하게 되어 있었다. 상공부의 지원과 더불어 삼성도 용인군, 경기도청, 건설부, 농수산부, 환경청 등 신청서가 머물고 있는 부처를 직접 쫓아다니며 반도체 산업의 필요성과 국가 경제에 미치는 영향 등을 설명했다.

그러나 국토이용관리법에 흠집을 내고 싶지 않았던 건설부와 매입한 야산 중에 개간농지가 일부 포함돼 있다는 사실을 알게 된 농수산부는 완강했다. 상공부와 건설부, 농수산부 사이에 험한 말까지 오고갔다. "도대체 반도체가 뭐냐. 안 그래도 쌀이 부족한데, 사람이 쌀을 씹어 먹고 살지, 반도체를 씹어 먹고 사느냐. 게다가 개간한 농지까지 다시 뒤집어엎고 반도첸지 뭔지를 하느냐"고 한 이가 당시 농수산부 담당과장이었고, "그래, 반도체가 바로 (산업의) 쌀이다. 우리는 할 수만 있다면 남산 위에도 반도체 공장을 짓게 하겠다"고 맞받아친 게 상공부 국장이었다.*

어쨌든 이런저런 과정을 거쳐 마침내 관련 부처장들이 합의하고 주무 부서인 건설부 차관까지 결재를 마쳤다. 최종 결재자인 건설부 장관은 사인하기 직전에 기흥 농서리를 포함한 인근 지역이 원래 신정부가 신도시 건설 예정부지로 찍어둔 땅이라는 사실을 알고는 아무래도 청와대의 재가를 먼저 받는 게 좋을 것 같다며 결재를 미뤘다. 상공부와 함께 반도체 산업을 지원하던 청와대 경제팀의 도움으로 1983년 6월 말 대통령의 결재가 이뤄지자, 드디어 7월 5일 용도변경 허가가 났다.

목이 빠져라 기다리던 건설팀은 8월 12일 공장 설치를 신고하고, 9월 12일 착공했다. 기흥부지 매입과 용도변경을 담당한 임직원들은 결코 두 번은 할 수 없는 일이었다고, 전쟁

---

plus tip 사실 쌀이 부족한 시절은 1970년대 후반에 끝났다. 1979년 쌀 생산량은 556만 톤이었다. 그런데 1980년 여름 전국적인 이상저온으로 냉해가 발생해 쌀 생산량이 355만 톤에 그쳤다. 정부는 1981년에 225만 톤의 쌀을 수입한 데 이어 1982년 27만 톤, 1983년 22만 톤의 쌀을 추가 수입하기로 했다. 하지만 1981년 쌀 생산량이 506만 톤으로 다시 증가하면서 1982년부터 쌀값이 폭락했다.

도 그런 전쟁이 없었다고 말했다. '만약 끝내 용도변경 허가가 나지 않았다면….' 그런 생각을 할 때마다 온몸에 소름이 돋는다고도 말했다.

삼성이 기흥부지에 대한 용도변경 허가서를 가지고 사방 팔방 뛰어다닐 때, 현대도 공장을 건설하기 위해 경기도 이천부지의 제약을 풀려고 뛰어다녔다. 이천부지 한 가운데에는 절대 농지와 초지가 포함돼 있었다. 어쩌면 삼성보다 더 어려운 상황이었다. 하지만 역시 현대답게 저돌적으로 밀어붙였고 국무회의를 거쳐 1983년 9월 17일 용도변경 허가를 받아냈다. 한국 반도체 산업의 시작은 이토록 힘들었다.

기흥 1라인이 8개월 만에 준공된 저력

조성림 차장 등은 그 날짜까지 정확하게 기억했다. 1983년 3월 31일, 그들은 삼성종합건설에서 쫓겨났다는 기분이 들 정도로 급하게 삼성반도체로 발령이 났다. 이들은 다음 날부터 가시밭투성이 산을 뒤지면서 분묘를 셌다. 산지를 개발하면 늘 분묘 이장이 가장 큰 골칫거리다. 부지 매입이 거의 끝났지만 혹시나 해서 삼성건설 유니폼 대신 일반 작업복을 입고 돌아다녔다. 분묘를 찾는 일보다 연고자를 찾는 일이 몇 배나 더 어려웠다. 연고자가 없는 두 기는 예를 갖춰 공원묘지로 옮겼다. 마지막까지 이장을 거부하는 한 기는 연고자를 십여 차례나 찾아가 간신히 설득할 수 있었다.

기흥공장의 레이아웃은 미국식과 일본식을 놓고 고민했다. 미국은 보통 산을 다 깎아내지 않고 자연 지형을 살리는 반면, 일본은 일단 모든 부지를 평평하게 만든 후 그 위에 공장을 세운다. 일본식이 공사비가 적게 들었다. 각 라인을 배치하는 방식도 마찬가지였다. 이임성, 이상준, 이일복 박사 등은 FAB 동을 띄엄띄엄 자연스럽게 짓자고 했고, 일본인 고문들은 유틸리티 동을 가운데 두고 그 주위에 FAB 동을 세워 지하터널로 연결시키자고 했다. 결국 비용절감을 강조한 일본인 고문들의 의견이 채택되었다. 그렇게 일본 청수건설에 기본설계를 맡기고, 세부설계는 코리아엔지니어링과 삼우종합건설, 시공은 삼성종합건설과 중앙개발이 맡았다.

여기까지는 비교적 순탄했는데, 문제는 공기工期였다.

1983년 7월 설계 및 인허가 작업 착수, 9월 12일 착공, 1984년 3월 준공(예정)으로 건설기간은 고작 6개월이었다. 건설팀을 기겁하게 만든 이 6개월의 공기는 호암의 결정이었다.

당시 미국과 일본에선 FAB 한 동을 건설하는 데 설계 및 인허가 기간을 빼고 보통 일정을 18개월로 잡았다. 6개월의 공기는 호암을 제외하고는 모두 불가능하다고 생각했다. 설혹 6개월 만에 공장을 짓는다고 해도 날림공사를 피할 수 없어 필경 생산 과정에서 하자가 발생할 거라며 고개를 저었다. 그러나 호암은 미국, 일본과의 격차를 줄이려면 이 방법뿐이라고 했다.

타당하지도 논리적이지도 않은 '3분의 1 공식'을 건설, 개발, 생산 등 모든 부문에 주문한 호암의 전략은 간단하게 말해 '동기화 전략'이었다. 흔히 액션영화를 보면 어떤 작전을 수행하기 전에 팀원들이 모여 시계를 맞춘다. 어떤 일이 있어도 모두가 동시에 일을 마친다는 의미다.

다만 호암은 구체적인 아이디어를 제시했다. 건설공사의 공정은 릴레이 달리기 같다. 한 공정이 끝나면 다음 공정이 시작된다. 그러나 호암은 마치 마라톤을 하듯이 모든 공정을 동시에 시작하라고 했다. 그 대신 필요한 자금, 인력 등은 최우선으로 지원하겠다고 했다. 그런 지원이 모든 문제를 해결해주는 것은 아니었지만 공기 단축에는 큰 도움이 됐다.

기공식과 동시에 1라인과 유틸리티 동이 착공되고 전기와 물을 끌어오는 작업이 시작됐다. 200여 개에 이르는 기계설비는 해외 주재원들이 동원돼 세계 각국의 설비업체들을 조사한 후 발주했다. 여기서 호암의 노련한 경험이 발휘됐다. 연수원에서 어학 및 반도체 산업의 기초교육을 마친 수습 엔지니어들을 설비 발주와 동시에 제작업체로 보냈다. 설비와 함께 돌아온 그들 덕에 설비 세팅 및 시운전, 정비 등에서 꽤 많은 시간이 단축됐다.

호암은 기흥 현장에 들어올 200여 개 장비의 제작 공정, 운송, 도착, 설치까지 모든 스케줄을 기록하는 대형 칠판을 걸게 했다. 그 칠판을 보면 각 장비의 공정이 어디까지 진척됐는지 한눈에 알 수 있었다. 조금이라도 지연되는 기색이 보이는 장비는 그 즉시 특사를 보냈다. 200여 명의 선수가 흩어지지 않고 거의 한 무리를 이뤄 피니시 라인을 향해 뛰어오고 있었다.

어느 날 그룹 중역들이 모두 참석한 자리에서 호암이 엉뚱한 질문을 던졌다. "만약 장비를 운반해오던 배가 태평양 한가운데에서 침몰하면 어떻게 할 텐가?" 아무도 대답하지 못했다. 호암이 말했다. "그럴 때 바로 회의가 필요한 거다. 대체할 만한 장비가 다른 곳에 있는지, 없으면 어떻게 만들 것인지를 모두가 머리를 맞대고 의논해야 한다." 호암은 늘 최악의 상황까지 생각했다.

기흥 1라인은 1983년 9월 착공하여 그해 12월 2일 건물 상량식과 동시에 내부공사가 시작됐다. 청수건설의 기술진이 그린 내부 설계도는 단지 참고용에 불과했다. 일본과 한국 사이의 큰 인프라 차이로 인해 설계도대로 시공할 수 없는 상황이 속출했다. 본사에서 일일 회의를 주관하면서 공사 진행 상황을 꼼꼼히 체크하던 호암은 예고 없이 불쑥불쑥 현장에 내려왔다. 그 덕에 성평건 공장장 등 현장 임직원들은 1984년 5월 17일 준공식까지 단 하루도 발 뻗고 쉬지 못했다. 그런 사정이 입에서 입으로 퍼지면서 기흥 현장은 '아오지 탄광'이란 별칭이 붙을 정도였다.

두렵지만
그럼에도

초기 설계를 판 마이크론의

비협조적 방해 전략에도 삼성은

64K D램 개발과 양산에 성공했다.

그러나 256K D램 개발 지연,

반도체 대폭락, 수도권정비계획법 발효 등

예상치 못한 문제가 겹쳐오며

반도체 사업은 난관에 봉착한다.

더구나 텍사스인스트루먼트에 엄청난 배상금을

지불해야 하는 특허소송을 당하고,

마이크론에게도 계약 위반 소송을 당한다.

그때는 삼성이 '마이크론 타도'를 외쳤지만

지금은 마이크론이 '삼성 추월'을 외치고 있다.

chapter 05

대폭락에서
기사회생하다

당시 D램의 '라이프사이클'은 평균 3년이었다. 64K D램이 1981년에 처음 출시됐으니 기흥 1라인이 준공되던 1984년은 256K D램으로 넘어갈 타이밍이었다. 하지만 삼성으로서는 256K D램은 꿈도 꿀 수 없었다. 기술, 인력, 인프라 등모든 게 턱없이 부족했다. 양산 전에는 완성된 칩조차 공개하지 않는 게 반도체 업계의 불문율이니 기술이전도 기대할수 없었다.

어쩔 수 없이 이미 끝물인 64K D램에서 시작하기로 했다. 64K D램은 칩도 구할 수 있고, 설계도 등 기술이전을 기대해볼 만했다. 궁한 선택이었지만 64K D램 기술을 밑천으로 삼아 256K D램부터는 설계부터 양산까지 자체 개발한다는 전략적 목표를 세웠다.

마이크론의 방해 전략에 대응하기

NEC, 도시바, 텍사스인스트루먼트, 인텔 등에 기술이전 의사를 물었다. 삼성의 기술고문이 된 일본인 교수나 기술자들을 국적國賊으로 몰아세운 일본의 기업들은 처음부터 크게 기대하지 않았다. 하지만 기대를 걸었던 미국 업체들에게도 모두 거절당하자 막막했다. 텍사스인스트루먼트는 우리는 제품을 파는 회사지 기술을 파는 회사가 아니라며 면전에서 타박을 주었다.

기술이전에 대한 걱정이 산더미처럼 커질 무렵 64K D램을 개발한 미국 마이크론테크놀로지가 심각한 자금난을 겪고 있다는 정보를 입수했다. 이윤우 부장 등이 먼저 마이크론을 방문하여 기술이전 의사를 타진한 뒤, 홍진기 회장, 이임성 박사, 카타오카 박사 등이 전세기를 타고 마이크론으로 갔다.

마이크론은 자금난으로 64K D램을 양산하지 못했다. 양산 수율과 품질을 확인할 수 없는 리스크를 떠안고 삼성은 125만 달러에 기술을 이전받기로 했다. 마이크론으로부터 64K D램 설계도와 마스크 등을 넘겨받은 것은 1983년 6월 17일이었다.

그 무렵 일본산 D램은 미국 시장의 75퍼센트를 잠식하고 있었다. 일본을 견제하기 위해 미국이 한국에 기술을 이전하기로 했다는 등 여러 해석들이 나돌았으나 마이크론의 기술이전은 순전히 돈 때문이었다.

삼성과 마이크론은 몇 가지 옵션에도 합의했다. 삼성이 원할 경우 마이크론이 개발 중인 256K D램도 기술이전을 받기로 하고, 또한 삼성 엔지니어들이 마이크론에서 기술연수도 받기로 했다. 그러나 막상 연수팀이 도착하자 마이크론은 본심을 드러냈다.

이종길 박사, 유병일, 김재욱, 조수인, 이원식, 고영범, 김정곤, 이용호 등 여덟 명의 엔지니어가 1983년 8월 22일 마이크론 정문에 도착했다. 하지만 마이크론은 그중 공정 엔지니어 두 명만 들어오게 하고 나머지는 숙소로 돌아가라고 했다. 마이크론은 매일 공정 엔지니어 두 명씩만 연수를 허용하고, 설계 엔지니어는 아예 출입조차 못하게 했다.

지속적인 항의 후에야 설계 엔지니어인 조수인도 마이크론을 출입할 수 있게 되었다. 하지만 마이크론 측의 감시는 매우 철저했다. 누구든 라인에 접근할 때는 반드시 마이크론 직원의 에스코트를 받을 것, 마이크론 엔지니어와 일대일로 접촉하지 말 것, 복사기와 설계실 근방에는 얼씬도 하지 말 것 등등의 제약을 가했다.

말이 연수지 거의 적군 취급을 당한 연수팀은 다른 방법을 찾았다. 라인을 할당하여 각자가 맡은 부분의 구조와 배관 위치, 공정 흐름 등을 머릿속에 입력했다가 저녁에 숙소로 돌아와 함께 정리한 것이다.

한편 또 다른 연수팀이 일본으로 떠났다. 1983년 6월에 16K S램 기술을 이전받은 샤프에서 공정 부문을 연수할 팀이었다.

삼성은 마이크론의 방해 전략은 상상도 못한 채 나름 꽤 괜찮은 밑그림을 그리고 있었다. 마이크론에서 미국의 앞선 설계기술을 배우고, 샤프에서 일본의 앞선 공정기술을 익혀 둘을 조합하기로 했던 것이다. 하지만 현실은 달랐다.

난관을 딛고 64K D램 개발에 성공하다

1977년 이전까지 전 세계에 보급된 PC는 1만 7,000여 대에 불과했다. 1981년 IBM이 PC 생산을 시작하자 불과 2년 사이에 1,000만 대가 넘게 보급됐다. 메모리칩의 최대 소비처인 PC의 호황기에 메모리 시장에 진입할 수 있으면 얼마나 좋을까.

그런 기대와 희망을 품은 분위기에서 마이크론에서 넘겨받은 64K D램 마스크로 부천공장에서 웨이퍼를 가공해보자는 의견이 나왔다. 설비와 장비, 공정기술 모두 LSI 수준인 부천공장에서는 어림도 없는 일이니 괜히 아까운 마스크와 웨이퍼를 허비하지 말고 기흥공장이 준공될 때까지 기다리자는 반대 의견도 있었다. 하지만 일단 한 번 시도해보기로 했다.

64K D램은 새끼손가락 손톱만 한 크기의 칩에 머리카락의 50분의 1 정도 되는 가는 선을 800만 개 정도 파고, 그 안에 6만 4,000개의 트랜지스터 등 대략 15만 개의 소자를 박아 넣어야 하는데, 크고 작은 개별 공정만 309개나 됐다. LSI 라인에서 VLSI 칩을 기대하는 것 자체가 억지인 듯 보였지만, 마이크론과 샤프에 갔던 연수팀이 돌아와 합류하면서 그간 실패한 개별 공정들이 하나씩 해결되기 시작했다.

원래는 만약 공정 개발에 성공한다 해도 실제 웨이퍼 투입은 기흥공장에서 하는 것이 계획이었다. 그러나 전체 공정 개발에 성공하자 마음이 바뀌었다. 부천 라인에서 웨이퍼를 투입해보기로 한 것이다. 물론 조금도 기대하지 않았다면 거짓말이겠지만 그렇다고 큰 기대를 걸 수도 없는 상황이었다.

1983년 10월 6일, 웨이퍼를 투입했지만 역시 동작칩은 보이지 않았다. 같은 해 11월 17일, 2차로 투입한 웨이퍼에서 9개의 동작칩을 발견했다.*

괜히 미국과 일본을 자극하지 말자는 의견이 있었지만 호암은 1983년 12월 64K D램 개발 사실을 발표했다. 국내 언론들이 '진정한 기술 한국의 승리'라며 떠들썩하게 축하한 반면, 일본에선 '충격'이라는 단어까지 튀어나왔다.

한국은 1986년에나 64K D램을 개발할 수 있을 거라고 장담했던 일본의 반응은 우려와 낙관이 반반이었다. 삼성이 D램을 집중 공략하는 점을 지적하면서 기초연구를 제쳐놓고 응용개발에만 집중하면 예상 밖의 결과를 맞닥뜨릴 수도 있을 거라고 우려하는가 하면, 어쩌다 우연히 동작칩을 건졌을 거라며 동작칩과 완전동작칩, 양산칩은 다르니 한국의 기술 수준으로는 어디서든 문제가 생길 거라고 낙관하기

---

plus tip 반도체칩은 전체 소자 중 일부만 동작하는 동작칩, 모든 소자가 다 동작하는 완전동작칩, 고객에게 사전 테스트를 받기 위해 제출하는 샘플칩, 양산 라인에서 생산한 양산칩 등이 있다. 개발했다고 다 양산으로 이어지지는 않는다. 완전동작칩을 개발해도 양산 수율이 기준 이하면 채산성 때문에 양산할 수가 없다. 반도체 업체들은 차세대 칩 개발 사실을 발표해도 어느 수준의 칩인지는 밝히지 않는 것이 보통이다.

도 했다.

하지만 낙관하는 쪽도, 어쨌거나 1K D램과 4K D램을 개발한 적도 없는 삼성이 D램 기술을 추시한 지 불과 6개월 만에 64K D램 동작칩까지 만든 것에 대해서는 약간의 우려를 나타냈다. 하지만 그들은 곧 안심했다. 기흥 1라인이 준공된 1984년 5월 이후에도 완전동작칩을 만들지 못하자, 역시 어쩌다가 우연히 동작칩을 건지고 난리법석을 떨었다며 삼성을 비웃었다.

피가 마른다는 게 어떤 건지 실감하고서야 웨이퍼에 설계회로를 복사할 때 사용하는 프로젝션 얼라이너Projection Aligner의 거울이 오염됐다는 사실을 알아냈다. 자체 기술과 경험이 부족한 게 첫 번째 이유였지만 마이크론 설계가 표준이 아닌 것도 또 다른 원인이었다. 정전기 방지 회로를 추가하는 등 마이크론이 나름 더 좋게 만든다고 표준을 살짝 바꿨는데, 그 때문에 양산 수율과 다른 메모리칩과의 호환성 등에 문제가 발생했다. 이런저런 문제들을 찾아내 간신히 해결한 뒤 삼성은 1984년 7월 완전동작칩을 얻었다. 하지만 이미 1983년 말부터 히타치를 선두로 256K D램의 출시가 시작된 후였다.

최악의 반도체 대폭락이 시작되다

삼성이 마침내 64K D램 양산 단계에 이르자 일본 반도체 업계는 긴장과 우려를 드러냈다. 그동안 자신들이 독식하다시피 한 한국 시장은 물론이고 미국 시장도 타격을 입게 될 거라는 생각에 긴장했다. 또 PC에 편중된 메모리칩의 특성상 아주 작은 환경 변화나 수급 불균형에도 시장이 크게 출렁이는 것을 우려했는데, 1984년 말 PC 수요가 감소하면서 그 우려가 현실로 나타났다.

그 무렵 반도체 경기의 선행지수인 BB^{book-to-bill}율이 1 이하로 내려가고 있었다. 그러나 삼성은 그게 얼마나 무서운 의미인지 정확하게 알지 못했다.

미국반도체산업협회에서 산정하는 BB율은 북미지역 반도체 시장 상황을 숫자로 나타낸다. BB율 1.0은 수주와 출하가 균형을 이룬 상태를 의미하고, 1.0 이상은 수주가 많은 상태를, 1.0 이하는 출하가 많은 상태를 의미한다. 1985년 BB율은 0.75까지 추락하고 있었다.

1985년 초 마이크론과 일본 업체들은 거의 동시에 D램의 가격을 인하했다. 세계 반도체 역사상 최악으로 기록된 대폭락 사태다. 1984년 초 3달러에 거래되던 64K D램은 75센트까지 추락했고, 31달러 하던 256K D램은 3달러로 폭락했다.

설마 그 정도까지 급전직하할 거라고는 누구도 예상하지 못했다. 호황기에는 제조업체가, 불황기에는 중개상들이 칼자루를 쥔다. 중개상들은 특히 고정 거래선 하나 없는 삼성의 딱한 사정을 십분 이용하여 싫으면 그만두라며 가격을 계속 후려쳤다.

삼성이 64K D램을 출시하자마자 가격이 폭락한 것에 대해 선발업체들이 견제구를 던진 거라고 의심하는 사람들도 있었다. 그것이 후발업체를 따돌리는 반도체 업계의 흔한 전략이었기 때문이다. 물론 삼성이 가장 큰 타격을 입기는 했지만 미국과 일본 반도체 업체들도 적지 않은 타격을 입었다. 게다가 그때 삼성은 선발업체들이 신경을 쓰거나 경계할 정도의 존재는 아니었다.

PC 시장이 주춤하면서 메모리 수요가 줄자 1983년과 1984년 호황기에 늘린 시설을 주체하지 못한 선발업체들이 경쟁적으로 가격을 인하했다는 분석이 좀 더 타당했다. 아무튼 재고가 창고를 넘어 복도까지 쌓이고 있었지만 시장이 회복될 기미는 보이지 않았으니, 삼성은 긴 한숨만 내쉴 수밖에 없었다.

1983년과 1984년에 메모리 부문에 대규모로 투자한 일본 업체들은 예정된 설비투자를 대폭 줄이고 어지간해서는 하지 않는 감산까지 감행했다. 미국은 인텔, 모토로라, AMD 등이 메모리 사업을 접고, 대신 비메모리에 집중하기로 했다. 그 덕에 1986년 반도체 전체 생산량과 매출액에서 일본은 미국을 추월했다. Tri-Star는 1985년 SSI Samsung Semiconductor Inc.로 법인명을 변경했다. 어디를 가든 푸대접에 지친 Tri-Star 판매 부문에서 낸 아이디어였다. 혹시 1970년대 중반부터 미국 시장에 수출하던 삼성 TV 등 전자제품과 연결시키면 뭔가 좀 나아질까 기대를 걸었던 것이다.

늪에 빠진 256K D램

256K D램 개발은 64K D램 동작칩을 확보한 1983년 말 시작됐다. SSI의 이일복 박사, 박용의 박사, 첸 왕, 조우 프로난스키 등이 투입돼 자체 개발을 시작했지만 기대한 결과가 얼른 나오지 않았다. 256K D램은 제때 시장에 진입한다는 이제까지의 기대가 256K D램마저 망치면 정말 큰일이라는 두려움으로 바뀌었다. 결국 옵션으로 걸어놓았던 마이크론의 256K D램 설계를 샀다.

SSI에서는 자체 개발을 계속하고, 기흥에서는 마이크론 설계로 웨이퍼를 투입하여 1984년 10월 256K 동작칩을 얻었다. 좀처럼 감정을 드러내지 않는 호암까지 기흥에 내려와 개발진을 칭찬했다. 그러나 1985년 1월에 생산한 256K D램 샘플칩의 수율이 20퍼센트에도 미치지 못했다. 칩 10개를 생산하면 8개가 불량이었다. 수율이 50퍼센트는 돼야 양산에 돌입하고, 이후 안정화 단계에 진입하여 수율을 60~70퍼센트까지 끌어올리는 게 일반적이었으니, 상황은 절망적이었다.

마이크론은 64K D램을 설계할 때처럼 256K D램 설계도 표준에서 살짝 벗어나게 만들었다. 256K D램은 보통 55만 개의 소자를 심어 3만 2,000자 분량을 기억하게 하는데, 마이크론은 90만 개의 소자를 심어 3만 2,000자 이외에 1만 750자의 여유분을 두었다.

제조 과정이나 사용 중에 특정 소자에 불량이 생길 경우 자동적으로 여유 소자에 연결돼 정상 동작하도록 한 이 회로결함 보정기능이 결과적으로는 다른 공정에 문제를 일으켰다.

SSI가 자체 설계한 256K D램은 동작칩조차 나오지 않았다. 그 사이에 256K가 D램 주력제품이 되면서 64K D램 가격이 30센트까지 하락했다. 모든 게 엉망인 상황에서 성급한 결정이 나왔다. 자체 개발도 안 되고 마이크론의 칩도 양산 수율이 나오지 않자, 모스텍에서 256K D램 설계를 사기로 한 것이다.

우선 기술이전 가계약을 맺고 선급금 400만 달러를 지급했다. 일이 안 풀리면 뒤로 넘어져도 코가 깨진다더니, 그 사이에 모스텍의 모그룹인 UTC가 프랑스 톰슨 사에 모스텍을 매각했다. UTC는 나머지 기술을 제공하지도, 선급금을 돌려주지도 않았다.

UTC는 계약서에 'Non-Refundable'(되돌려주지 않음)이 명시돼 있고, 계약 당시 넘겨준 일부 기술만도 400만 달러의 가치가 된다며 계약금 반환을 거절했다. 그러나 삼성 측 변호사가 계약서에서 사기라고 할 만한 결정적 증거를 발견하고, 달라스 지방법원에 선급금 반환 소송을 내 250만 달러를 돌려받았다.

SSI 설계 지연에 마이크론, 모스텍 문제까지 엉망으로 꼬이면서 삼성 임원들 간에 책임 시비까지 불거졌다. 그만큼 사정이 급하고 절박했다.

결국 마이크론 설계를 포기하고 기흥 기술진까지 SSI 설계에 달라붙었고, 1986년 2월 256K D램 동작칩을 얻었다. 그 후 1987년 초까지 6인치 웨이퍼를 소화하기 위한 공정 개발에 매달렸고(뒤에 자세히 설명할 예정이다), 1987년 중반이 되어서야 양산 단계에 이르렀다. 이미 시장에 1M D램이 출시되고 한참 후였다.

기흥 2라인에 과감히 올인한 결과

256K D램을 개발하는 동안 내부의 잘못된 결정으로 결정적인 타격을 입은 것 못지않게 외부에서도 거의 날벼락 같은 일들이 터졌다.

가장 큰 벼락은 1983년 12월 31일 공포된 '수도권정비계획법'에 의해 어떤 이유로든 기흥단지 내에 신규 건설이나 개발이 불가능하게 된 것이다. 그렇다고 기흥을 포기할 수는 없었다. 그건 생각할 수도 없는 일이었다. 그동안 구축해놓은 기흥의 인프라가 고스란히 사장되는 건 나중에 생각할 문제였다. 당장 2라인을 제때 건설하지 못하면 256K D램을 개발해도 아무런 소용이 없었다. 반도체 사업을 완전히 접어야 할 판이었다.

용도변경 말고는 다른 방법이 없었다. 강진구 사장, 홍종만 관리 담당 이사, 이경우 업무 담당 이사, 박신용 부장, 비서실의 이형도 이사, 반도체사업부의 김현곤 기획담당 이사 등이 이 일에 목을 걸었다. 그들의 목만 걸린 게 아니라 삼성그룹의 목이 걸린 일이었다.

막상 어디서부터 매듭을 풀어야 할지 막막했다. 공업배치법, 국토이용관리법, 지방세법 등과 관련돼 있다 보니 건설부, 상공부, 과기처, 경제기획원 등 거의 모든 정부 부처가 거미줄처럼 연결돼 있었다. 각 부처 내에서도 수많은 부서가 얼기설기 얽혀 있어 마치 미로를 헤매는 듯한 착각을 일으킬 정도였다.

건설부는 누구라도 그 법을 건드리면 함께 죽을 거라고 엄포를 놓았다. 그러나 이는 비단 삼성만의 문제가 아니었다. 한국 경제에도 어떤 후폭풍이 닥칠지 모르는 일이었다. 그나마 상공부가 함께 해결방안을 찾아주었다.

'수도권정비계획법'에 따른 기흥공장의 타격과 그것이 이미 국책사업으로 추진하고 있는 반도체 사업에 미치는 심각한 영향, 나아가 국가 경제에 미칠 영향 등을 설명하자 건설부, 국토관리청, 청와대 경제팀 등에서도 문제의 심각성을 인정했다.

청와대 경제팀은 수도권 내 공업배치법 적용에 있어서 반도체와 PC 두 업종에 한해 예외를 인정하자는 '수도권정비기본계획과 관련된 삼성반도체의 공장부지 문제'라는 문서를 작성했다. 이에 건설부 장관을 제외한 모든 장관들이 예외를 인정하는 것에 대해 수긍했고, 결국에는 김성배 건설부 장관 대신 이관영 차관이 사인해서 부총리와 총리의 서명까지 받았다.

1985년 3월 전두환 대통령이 사인했다. 2개월 후 기흥 2라인은 준공검사를 통과했다. 그에 앞서 삼성은 1984년 8월, 기흥 2라인을 착공했다. 말 그대로 한치 앞도 보이지 않을 정도로 모든 게 불투명한 상황이었다. 자칫 반도체 사업을 접어야 하는 상황이 닥칠 수도 있었다. 그러나 호암은 별다른 설명 없이 올인하라고 지시했다.

선발업체들의 특허전략에 쓴맛을 보다

나쁜 일은 늘 한꺼번에 생긴다는 말이 맞았다. 모스텍과 시비가 시작된 1985년 중반 록히드 사에서 특허 문제로 삼성을 찾았다. 특허담당 부서는 고사하고 담당자조차 없던 시절이었다. 특허 문제가 발생하리라고는 아무도 예상하지 못했지만 알았어도 손쓰기는 쉽지 않았을 것이다.

반도체 설계 공정은 워낙 복잡하고 또한 가짓수가 많다. 64K D램의 경우만 해도 관련 공정이 300여 개나 되고 각 공정마다 개발 방식이 조금씩 다르다. 때문에 아무리 노련한 기술자라도 어떤 기술이, 어떤 부분에, 어떤 방식으로 특허 등록이 돼 있는지 알기 어렵다.

록히드 사 특허건은 기획실로 막 부임해온 김현곤 이사가 떠맡았다. 록히드 사의 특허담당 직원은 삼성이 64K D램을 만들면서 자신들의 특허를 침해했으니 로열티를 내야 한다고 말했다. 일단 그를 돌려보낸 후 엔지니어들과 록히드 사가 주장하는 특허기술을 검토해보았지만 잘 이해되지 않았다. 64K D램은 마이크론의 설계로 공정만 개발한 탓에 설계원리와 구조 등을 완전하게 파악하지 못하고 있었기 때문이다.

이것저것 조사하다 보니 록히드 사가 주장하는 특허기술이 15년 6개월 전에 등록되었고, 미국의 특허시효 기간은 17년이었다. 일단 버티기로 했는데, 몇 번 찾아오던 록히드 사 직원이 포기했는지 더 이상 연락이 없었다.

좋아할 새도 없이 히타치가 찾아왔다. 이번에도 일이 기획실로 넘어왔다. 어쨌거나 록히드 사건을 처리한 셈이었기 때문이다. 김현곤 이사는 히타치 건도 적당히 시간을 끌었다. 달리 다른 방법이 없었다. 이미 반도체사업부의 적자로 그룹이 흔들릴 판인데 적지 않은 특허료를 지불하자는 말을 꺼낼 수가 없었다.

그러나 1986년 1월 초에 찾아온 텍사스인스트루먼트는 매우 계획적이고 단호했다. 1월 24일 텍사스인스트루먼트는 본사가 있는 텍사스 주 달라스 연방지방법원에 삼성을 제소하고, 2월 7일에는 워싱턴의 국제무역위원회(이하 'ITC')에 제소했다. 텍사스인스트루먼트는 같은 날 도시바, NEC, 히타치, 후지쯔, 마쓰시타전기, 미쓰비시, 샤프, 오끼전기도 함께 제소했다. 텍사스인스트루먼트가 지적한 특허기술들은 반도체칩 패키징에 가장 기본적으로 쓰이는 '킬비특허'였다. 하지만 현실적으로 그 기술을 피해 칩을 만들 방법은 없었다.

일본 업체들은 마치 예상했다는 듯이 침착하고 민첩하게 대응했다. 도시바, 후지쯔, 마쓰시타전기, 미쓰비시, 샤프, 오끼전기는 ITC의 예비판정이 나기 전에 텍사스인스트루먼트와 특허계약을 맺었고, 히타치는 1986년 5월 17일 예비판정 직후에 텍사스인스트루먼트와 합의하고, NEC는 무혐의 판정을 받아냈다. 일본 업체들이 텍사스인스트루먼트와 일을 크게 벌이지 않고 효과적으로 타협안을 찾을 수 있었던 건 많든 적든 간에 그들도 특허를 갖고 있었기 때문이다. 그들은 주고받는 '크로스 라이선싱'으로 적당한 선에서 특허료를 지불했다.

그러나 반도체 특허가 단 한 개도 없던 삼성은 입장이 달랐다. 모두 얼떨결에 특허팀장이 돼버린 김현곤 이사만 바라봤다. 삼성은 텍사스인스트루먼트 건이 터진 후 1986년 말 기획실에 특허팀을 신설했다. 김현곤 이사도 막막하긴 마찬가지였지만 그냥 있을 수만은 없었다.

먼저 텍사스인스트루먼트의 의도를 정확하게 읽어야 했다. 텍사스인스트루먼트가 삼성과 일본 업체들을 일괄 제소하긴 했지만 사실 일본 업체들과 삼성을 바라보는 시선은 달랐다. 일본은 미국 D램 시장의 70퍼센트 이상을 점유했지만 삼성은 고정 거래선도 없는 신세라는 걸 텍사스인스트루먼트가 모를 리 없었다.

실제로 텍사스인스트루먼트 내부에서도 삼성까지 제소할 필요가 있나, 없나를 놓고 고민했다고 한다. 하지만 설마 하다가 일본에게 당한 기억을 떠올리고 일찌감치 삼성에게도 타격을 주기로 결정한 것이다. 텍사스인스트루먼트는 삼성에게서 벌금과 로열티만 챙길 건지, 아예 반도체 사업을 못 하게 할 건지를 고민했다.

삼성이 방향을 못 잡고 우물쭈물하는 사이에 ITC가 1차 판정을 내렸다. 텍사스인스트루먼트가 제소한 10건 중 3건에 대해 삼성의 유죄를 인정하면서 4개월 후인 1987년 9월 21일 삼성 반도체의 미국 내 수입 금지 결정을 내렸다. ITC는 삼성 D램이 장착된 모든 제품에 대한 수입 금지 조치도 함께 내렸다.

이 판정이 굳어지면 삼성 D램을 장착한 삼성 컴퓨터나 삼성 전자제품은 물론이고, 다른 기업이 삼성 반도체를 구입하여 만든 제품도 미국으로 수출하지 못하게 된다. 이는 삼성에게 반도체 사업을 포기하라는 것이나 다름없었다. 삼성의 판단 실수였다. 텍사스인스트루먼트의 제소가 단순히 로열티를 노린 것이라고 판단하는 바람에 어떡하든지 로열티를 줄여볼 의도로 시간을 끌었다가 일이 더 악화되고 만 것이다.

ITC의 최종 판정은 관보에 게재되고, 그로부터 60일 이내에 미국 대통령이 승인하면 효력을 발휘했다. 물론 미국 대통령이 승인하지 않는 경우는 거의 없었다. 다만 특허 분쟁은 민사 소송이기 때문에 미국 대통령의 승인이 나기 전까지 텍사스인스트루먼트와 삼성이 합의하고, 텍사스인스트루먼트가 소송을 취하하면 극적인 타결도 가능했다. 하지만 텍사스인스트루먼트는 자신들이 제시한 로열티 선에서 조금도 물러서지 않았다. 크로스 라이선싱을 한 도시바에게 64K D램은 개당 5.5센트, 256K D램은 개당 13센트의 특허료를 받은 텍사스인스트루먼트가 삼성에게는 그 두 배의 특허료를 요구했다. 64K D램은 개당 12센트, 256K D램은 개당 26센트였다.

텍사스인스트루먼트와의 로열티 결정은 텍사스인스트루먼트와의 문제로만 끝날 일이 아니었다. 차후 다른 특허 문제에 미칠 영향도 고려해야 했다. 삼성은 로열티를 깎아달라고 사정했지만 텍사스인스트루먼트는 냉담했다. 풀이 죽어 돌아온 협상팀을 송세창 사장은 그 자리에서 바로 되돌려보냈다. 아무런 대책도 없이 협상팀은 그 길로 다시 비행기에 올랐다.

협상팀은 매번 회의를 마치고 나올 때마다 분한 마음을 삭히기 힘들었다며, 회의장은 협상이 아니라 수모를 당하는 자리였다고 했다. 만약 다이너마이트를 구할 수만 있었다면 그걸 안고 텍사스인스트루먼트로 뛰어 들어갔을 거라고 할 정도였다.

삼성은 마지막으로 레이건 대통령과 미 의회에 탄원서를 보내고, 가능한 모든 통로를 통해 미국 정치인들에게 호소했다. 하지만 큰 기대는 할 수 없었다. 일본 반도체 업계에 당한 미국의 경험이 삼성에 매우 불리하게 작용하고 있었다. 다행히 ITC가 두 가지 판정 중 삼성의 D램이 장착된 모든 제품에 대한 수입 금지 조항을 해제해주었다. 그렇다 해도 전 세계 반도체 생산량의 60~70퍼센트를 소비하는 미국 시장을 빼고는 반도체 사업을 지속할 수 없었다.

결국 텍사스인스트루먼트에 8,500만 달러의 배상금을 주고, 라이선스 계약을 체결했다. 텍사스인스트루먼트는 64K D램의 경우, 로열티를 개당 12센트로 고정시켰다. 반도체는 출시된 후 매년 가격이 30~40퍼센트씩 떨어지는데, 그러든 말든 자신들의 이익만은 확실히 챙기겠다는 텍사스인스트루먼트가 너무 심하다는 말이 미국과 일본에서도 나돌았다. 1996년에 미국 시애틀에서 만난 송세창 사장은 이런 경험이 스스로 독기를 품게 만들었다며, 이후로는 특허 문제와 관련해 모두가 죽기 아니면 까무러치기의 각오로 임했다고 했다.

삼성 입장에서 텍사스인스트루먼트보다 더 밉고 화가 나는 대상은 바로 마이크론이었다. 마이크론이 아이다호 지방법원에 삼성이 일방적으로 계약을 파기하고 약정한 기술료를 지급하지 않았다며 64K D램 생산을 중지하고 벌과금 3,600만 달러를 지급하라는 소송을 낸 것이다. 텍사스인스트루먼트가 삼성을 제소하고 꼭 보름 뒤의 일이다. 삼성은 마이크론이 설계한 256K D램 개발을 결국 포기했지만, 마이크론은 자신들의 설계에 문제가 있다는 건 무시했다. 삼성은 미국의 3개 주에서 모스텍, 텍사스인스트루먼트, 마이크론과 동시에 법정 싸움을 벌여야 했다.

결국 마이크론과는 마이크론 설계 제품을 모두 단종하고, 500만 달러를 마이크론에 출자하고, 16K S램과 16K EEP롬 기술을 마이크론에 이전했다. 그리고 삼성에게는 하등 쓸모 없는 마이크론의 검사장비를 구입하는 걸로 합의를 보았다. 삼성은 오래도록 '마이크론 타도'를 다짐했다. 그리고 지금은 마이크론이 '삼성 타도'를 외치고 있다. 기술, 시장 점유율 등 모든 면에서 삼성이 마이크론을 앞서고 있기 때문이다.

미쳐야
한다면
미친다

반도체 사업을 '미친 사업'이라 하는 건

아주 작은 변수에도 시장이 출렁거리고,

호황과 불황이 파도치듯 반복되기 때문이다.

끄떡없을 것 같았던 업체들이

한순간에 무너지는 상황 속에서

삼성의 위험한 도전이 기적을 만들어낸 건

호암의 분명한 사업목표와

대담한 결정 이전에

모두가 혀를 찰 정도의

신중하고 치밀한 정보의 수집과 연결,

조합의 수읽기가 있었기 때문이다.

chapter 06

호암의 치밀한 수읽기가 만들어낸
늦깎이의 기적

기흥 본사에서는 하루가 멀다 하고 SSI에 판매실적을 요구했다. 하지만 SSI에서 당장 칩을 들고 나가 판매할 수 있는 세일즈엔지니어는 히타치에서 건너온 마이크 바스만뿐이었다. 그러나 바스만은 D램의 최대 구매자인 IBM, 애플 등 PC 제조업체는 엄두도 내지 못한 채, 주로 소규모 전자상과 중개상들만 쫓아다녔다.

미국 동부와 서부, 남부, 북부, 중부 5개 지역에 현지 딜러를 개설했지만 삼성반도체의 지명도가 워낙 낮아 별 효과가 없었다. 간신히 납품해도 불량이라며 반품되기 일쑤인 데다

칩에 대한 A/S도 제대로 해주지 못하니 당연한 일이었다. 상황이 이러한데 본사에서는 계속 판매를 독촉하니 SSI 판매 부문은 거의 돌아버릴 지경이었다.

전화위복의 행운은 절로 찾아오지 않는다

D램 소비자들은 큰 문제가 없으면 기존에 사용하던 칩을 바꾸지 않았다. 괜히 조금 싸게 칩을 구입하려다가 하자라도 발생하면 비싼 제품을 망칠 수 있다는 생각이 확고했기 때문이다.

본사에서는 더 싸게 주더라도 일단 팔아보라고 재촉했지만 사정을 모르는 답답한 소리였다. 품질, 안정성, A/S에서 인정을 받지 못하는데 가격만 내린다고 팔릴 리 없었다. 오히려 싸구려 덤핑 제품이라는 인상만 주기 십상이었다. 1985년 미국과 유럽에서 팔린 삼성의 64K D램은 6,000만 달러 어치였지만 대부분 원가 이하로 납품했다.

256K D램은 1984년 중반부터 본격적으로 출시됐다. 삼

성은 3년이 지난 1987년 중반에서야 256K D램을 양산했다. 그러나 D램 시장은 이미 1M D램으로 건너가 있었다. 삼성은 D램 시장에서 완전히 낙오돼 더는 회생하지 못할 것처럼 보였다. 정상적인 시장 상황이었다면 분명 그랬을 것이다. 기대하지 않았던 뜻밖의 상황이 전개되지 않았다면 말이다.

1987년 후반에 이르러 미국 전자 및 PC 시장이 살아나면서 반도체 경기도 되살아났다. 그런데 PC 제조업체들이 1M D램 대신 256K D램을 주 메모리로 사용했다. 1M D램을 사용하면 좋아지는 성능만큼 PC 가격도 인상해야 했기 때문인데, 한동안 불황을 겪었던 PC 제조업체들이 다소 소극적인 전략을 선택한 것이다. 하지만 반도체 업계는 이미 256K D램을 감산하고 1M D램을 주력으로 생산하기 시작한 뒤였다.

삼성에게는 기적 같은 일이었다. 막바지 시장에서 조금이라도 팔 수 있을지를 걱정하던 늦깎이 256K D램이 불티나게 팔려나갔다. 1달러 50센트까지 추락했던 256K D램의 개당 가격은 4~6달러로 반등했다. 게다가 64K D램까지 수요가 많아지면서 개당 가격이 30센트에서 2달러 30센트로 수직 반등했다. 1988년 삼성은 64K D램은 대략 5,000만 개, 256K D램은 8,000만 개를 생산했는데 재고는 하나도 남지 않았다.

준비된 삼성에게 찾아온 기적

1987년 말부터 1988년까지 전개된 시장 변화는 분명 기적 같은 일이었다. 하지만 경영 또는 경제학에 공짜는 없는 법이다. 삼성 역시 생존하기 위해 모두가 얼마나 전전긍긍했는지 모른다.

SSI 판매 부문은 1986년부터 중간도매상 해밀턴 애비뉴와 거래를 트기 위해 총력을 기울었다. 모토로라, 내셔널세미컨덕터, 인텔, IBM 등과 직접 거래하며 연간 10억 달러 이상의 매출을 올리는 해밀턴은 반도체 제조업체라면 모두 공을 들이는 존재였다. 그러나 SSI가 해밀턴에 접근하기가 무섭게 다른 반도체 제조업체들이 만약 SSI에서 반도체를 구입하면 자신들은 거래를 끊겠다고 해밀턴에 압력을 넣었다.

SSI는 그때만 해도 미국 반도체 시장을 완전하게 파악하지 못한 상태여서 불공정하다고 생각했다. 하지만 나중에는 SSI도 그런 식의 옵션을 딜러와 중간도매상에게 요구했다. SSI와 거래하는 딜러나 중간도매상이 SSI의 경쟁업체와 거래하게 되면 SSI의 가격이나 영업 조건이 노출될 수 있기 때문이다.

그렇게 수많은 벽에 부딪히면서도 여기저기서 새로운 시도를 계속했는데, 1986년 말 꽤 의미 있는 수확을 거뒀다. IBM에 넣은 256K D램 샘플칩이 IBM의 품질검증 테스트를 통과한 것이다.

극한의 조건에서 칩의 작동 및 성능을 검사하는 테스트는 1, 2, 3등급이 있었다. 탱크나 전차, 로켓 등 무기나 인공위성, 연구소의 초대형 컴퓨터시스템에 들어가는 칩은 1등급, 산업용 칩은 2등급, PC 같은 생활용 칩은 3등급 품질검증을 통과해야 한다. 3등급도 1, 2등급보다는 강도가 약하지만 무지막지한 환경 테스트를 통과해야 한다. 가령 칩을 압력

솥과 같은 기구에 넣고 10일간 상대습도 100퍼센트, 121도의 고온 상태를 유지한 후 칩이 정상적으로 동작하는지 검사하는 항목도 있다.

IBM의 테스트를 통과하자 HP와 당시 미니컴퓨터를 생산하던 디지털이큅먼트 사도 품질검증 테스트 신청을 받아주었다. 두 곳 모두의 테스트를 통과하자 얼마 후부터 중개상들에게서 재고를 묻는 전화가 걸려오기 시작했다. 그 전까지 SSI는 IBM, 애플, 모토로라 같은 대형 소비자에게는 명함조차 내밀지 못했고, 중개상과 소매상들에게도 별다를 바 없는 처지였다. 그러나 IBM의 테스트를 통과한 후에는 반도체 제조업체 리스트에 이름을 올릴 수 있었다. 만약 이 리스트에 올라가지 못했다면 1987년 말의 기적은 삼성을 비껴갔을 것이다.

책상 하나에서 유럽 시장을 개척하다

1987년 말에 시작된 기적에는 유럽 시장도 일조했다. 삼성은 처음에는 세계 메모리 수요의 60~70퍼센트를 차지하는 미국에서만 잘 팔면 된다고 생각했다. 일본 시장은 컸지만 그 배타적인 성격을 잘 알기 때문에 처음부터 기대하지 않았다. 하지만 1984년 어려운 한 해를 보내면서 생각이 바뀌었다. 미국 시장만으로 과연 살아남을 수 있을지에 대한 의문이 고개를 들었기 때문이다. 그래서 미국과 일본 다음으로 큰 유럽 시장을 개척하기로 했다.

VLSI 사업의 밑그림을 그린 비서실 최성렬 과장 바로 옆자리에 앉아 있던 최지성 과장이 그 일을 자원했다. 삼성물산 프랑크푸르트 현지법인에 부탁하여 책상 하나를 빌렸다. 1985년 2월 최지성 과장이 프랑크푸르트에 도착하고 보니 64K D램이 1만 개씩 들어 있는 박스 3개가 먼저 도착해 있었다.

혹시 도움이 될까봐 한국에서 갖고 간 유럽 PC 판매업체들의 카탈로그와 프랑크푸르트에 도착한 후 전화번호부에서 긁어모은 electr- 와 PC- 가 붙은 회사 주소 리스트가 그가 가진 전부였다.

칩이 담긴 가방을 들고 리스트에 있는 회사들을 돌아다니면서 그는 2만 3,000여 개의 칩을 팔았다. 비록 판매한 칩의 대부분이 불량으로 반품되긴 했지만. 그리고 1986년엔 비서 한 명과 세일즈맨 한 명을 채용하여 10만여 개를 팔았다. 1987년 최지성 과장은 삼성물산에서 나와 독자적인 사무실을 얻었다.

최지성 상무는 그때를 회상하며 한동안 말을 잇지 못했다. "처음에는 어디를 찾아가야 할지 막막했죠. 책상 옆에 덩그러니 놓여 있는 박스를 보면 한숨만 나오고. 그러다가 PC와 사무용품을 생산하는 이탈리아의 올리베티 사를 집중적으로 공략한 게 전환점이 됐어요. 프랑크푸르트에서 이탈리아까지 650킬로미터를 9시간 동안 운전하고 갔다가 다시 그만큼 운전해 돌아오곤 했죠."

올리베티 사를 찾아가기 시작한 지 1년 반 만에 샘플칩 제출 기회를 얻었다. 그리고 1년 만에 품질검증을 통과했다. 올리베티 사에 256K D램 400만 개를 납품한 뒤, 1987년 이탈리아에도 판매사무소를 개설했다. 이어 매년 하나씩 파리, 스톡홀름, 브뤼셀, 뮌헨, 바르셀로나, 영국 등지에 판매사무소를 개설했다.

미친 사업, 미친 결정

1988년 기적의 주인공인 256K D램은 비록 개발은 늦깎이였지만 생산성과 수익성은 매우 탄탄했다. 256K D램 양산 라인인 기흥 2라인을 6인치 웨이퍼로 결정한 게 '신의 한 수'였다.

64K D램 동작칩을 확보한 1983년 11월, 기흥 2라인의 건설 준비가 시작됐다. 라인 건설 준비는 웨이퍼 크기를 결정하는 데서 시작한다. 그래야 그에 맞게 라인의 구조와 설비를 디자인할 수 있다. 그 무렵에는 웨이퍼 한 장으로 60~70개 정도의 칩을 생산할 수 있는 5인치 웨이퍼가 일반적이었다. 기흥 1라인도 5인치 웨이퍼를 사용했다.

밭이 크면 농작물을 더 많이 수확할 수 있다. 마찬가지로 웨이퍼가 크면 더 많은 칩이 생산된다. 가령 6인치 웨이퍼는 한 장으로 대략 100개 정도의 칩을 생산할 수 있다. 더구나 웨이퍼가 크든 작든 가공하는 데 들어가는 시간과 비용은 거의 같았다.

물론 웨이퍼가 크면 그만큼 깨지거나 휘어지기 쉬워 더욱

정밀한 가공기술이 요구되고, 자동화 설비 비율이 올라가 설비투자 규모가 훨씬 커진다. 이런 이유 때문에 그때까지 인텔, 내셔널세미컨덕터, NEC 등도 테스트 라인에서 6인치 웨이퍼의 안정성을 검토하고 있었다.

때문에 기흥 2라인은 5인치로 결정될 거라는 쪽이 매우 지배적이었다. 그런데 몇몇 사람이 조심스럽게 6인치를 제안했다. 당시 미국과 일본은 이미 1M D램을 개발하고 있었으니 기술의 격차는 한참 벌어진 상태였다. 따라서 그 격차를 극복하려면 생산성으로 승부해야 한다는 것이었다.

그들의 논리가 틀리지는 않았지만 위험부담이 커 쉽게 결정하기 어려운 문제였다. 사실 삼성의 가공기술로는 5인치 웨이퍼도 버거운 상황이었다. 그러나 분명한 것은 언젠가는 5인치에서 6인치로 넘어간다는 사실이었다. 결정해야 할 것은 6인치를 하느냐, 마느냐가 아니었다. 지금 하느냐, 나중에 하느냐였다.

기흥 2라인의 웨이퍼 크기 때문에만 수십 차례나 회의가 진행됐지만 좀처럼 결정이 나지 않았다. 5인치와 6인치의 생산성과 투자회수 기간 등을 대비해보고, 퍼킨엘머, 바리안 등 미국 반도체 설비 제조업체들을 방문하여 5인치와 6인치 설비의 특성과 가격 등을 조사했다.

호암은 빠지지 않고 회의에 참석했다. 다른 경영진과 엔지니어들이 돌아가면서 의견을 말할 동안 묵묵히 듣기만 하던 호암이 1984년 5월, 6인치를 낙점했다. 그 말을 전해들은 샤프의 사사키 박사는 펄쩍 뛰었다. 6인치 웨이퍼를 만들겠다는 건 너무 무모하고 어리석은 시도라며 말렸다. 샤프는 그때까지도 5인치에 머물고 있었다.

6인치로 설계된 2라인은 1985년 5월 준공됐지만 1년 넘는 기간 동안 6인치 설비를 안정시키기 위한 공정 개발 등 후속작업이 필요했다. 그런 노력과 리스크를 감수한 결과는 엄청났다.

한 장의 웨이퍼에서 나오는 칩 수가 엄청 늘어난 데다가 자동화 설비 비율이 올라가면서 수율까지 올라가 5인치보다 생산원가가 25퍼센트나 절감됐다. 당초 D램을 선택하면서 기획한, 생산성과 가격 경쟁력으로 기술의 열세를 만회한다는 양산 전략을 비로소 구사할 수 있게 된 것이다.

샤프는 삼성보다 늦게 6인치로 건너갔다. 기술적으로는

삼성보다 한참 앞서 있던 샤프였지만, 판단력과 과단성에서는 삼성에 미치지 못했다. 6인치를 처음 제안한 카타오카 박사도 사실 호암이 6인치를 낙점했을 때 많이 놀랐다고 실토했다. 만약 6인치를 시도하다가 기술적 문제로 실패하면 메모리 사업에 치명적인 타격을 입게 되므로 자신은 사실 많이 두려웠다며 호암의 배짱과 대담성에 새삼 탄복했다고 말했다.

반도체 사업을 흔히 '미친 사업Crazy Business'이라고 하는데, 그 이유는 아주 작은 변수에도 시장이 출렁거리고, 마치 파도치듯이 호황과 불황이 반복되는데 그럴 때마다 끄떡없을 것 같았던 업체들이 한순간에 무너지는 일이 흔하기 때문이다.

사실 삼성도 과감히 6인치를 선택하긴 했지만 양산 라인이 완전히 안정된 후에야 모두가 가슴을 쓸어내렸다. 그러나 호암은 6인치 선택으로 일어날 만한 거의 모든 경우의 수를 미리 짚어보고 '미친 결정Crazy Decision'이라고 부를 만한 결정을 내렸다. 그는 1950년대에 건설한 제일모직 공장도 위치, 기상, 수질, 교통 등 무려 48개 항목에 대해 모든 문제점을 미리 짚어보고 일일이 대응책을 마련한 후 착공 결정을 내렸다.

기업가의
철학

호암은 '운이 칠, 기가 삼'이라는 말을 하긴 했지만

혹자들이 말한 '감의 경영'하고는 거리가 멀었다.

오히려 다른 어떤 사업가들보다

더 발로 뛰면서 듣고 보고 읽고

그렇게 얻은 정보들을 직접 연결하며

대담한 결정들을 내렸다.

그런 호암을 삼성 임직원들은 절대적으로 따랐다.

호암이 보여준 리더로서의 능력과 판단을 따랐지만

그에 앞서 호암의 경영철학에

진정으로 공감했기 때문이다.

chapter 07

분명한 목표는
전략과 기술 너머를 본다

　1985년 2월, 도시바가 세계적인 반도체기술학회인 국제
고체회로소자회의에서 CMOS 구조의 1M D램 샘플칩을 발
표했다. 256K D램까지는 개발된 칩 구조가 대부분 NMOS
였다.

　CMOS와 NMOS는 칩의 기본 소자인 트랜지스터를 만
들 때 삽입하는 불순물의 구조가 다른데, 각각 성능과 작업
성에서 장단점이 있다. 장점은 NMOS는 제조 공정이 단순
하고 CMOS는 전력소비가 적다. 반대로 단점은 NMOS는
전력소비가 많고 CMOS는 제조 공정이 약간 복잡하다. 히

타치, 후지쯔, 미쓰비시, NEC, IBM, AT&T 등은 손에 익은 NMOS 구조의 1M D램을 개발하고 있었다.

삼성은 도시바가 1M D램 샘플칩을 발표하고 3개월 후 미국 현지법인 SSI에서 1M D램 개발을 시작했다. 한편으로 도시바가 CMOS 구조를 채택한 이유를 조사했는데 얼마 후 뜻밖의 정보를 입수했다.

도시바가 NMOS 구조의 1M D램과 CMOS 구조의 1M D램을 둘 다 개발했는데, CMOS의 수율이 '골든golden 수율'에 이르렀다는 것이다. 수율은 결함이 없는 합격품의 비율을 말하는데, 80퍼센트 이상을 말하는 골든 수율은 전 세계적으로 드문 경우라 혹시 경쟁업체들을 혼란에 빠뜨리기 위한 역정보가 아닐까 하는 의심이 들었다.

진실을 확인하기 위해 다시 조사를 시작하면서는 차라리 역정보이기를 바랐다. 도시바 정보를 모르는 게 좋았을 텐데 하는 생각까지 들 정도로 상황이 복잡해졌다. SSI에서 채택한 구조는 CMOS가 아닌 NMOS였기 때문이다.

혼선 속에서 1M D램을 개발하다

여러 루트를 통해 도시바 관련 정보를 재확인했다. 그 사이에 NEC, 히타치, 후지쯔, 미쓰비시, IBM 등은 NMOS 구조의 1M D램을 개발했다. 그러자 CMOS냐 NMOS냐를 따질 수 없는 더 급한 상황이 됐다. 우여곡절 끝에 256K D램까지는 버텼는데 1M D램에서 또 완전히 낙오될 위기에 처했기 때문이다.

보통 마음이 급해지면 귀가 얇아진다. 지멘스가 도시바로부터 1M D램 설계를 50억 엔을 주고 샀다는 정보를 입수하자 삼성도 도시바의 설계를 사기로 했다.

도시바에서 기획실장 등이 오고 삼성은 이상준, 이일복, 박용의 박사, 김홍인 전무가 기흥공장에 마련된 협상 테이블에 나갔다. 도쿄에 머무르던 호암도 초조해하며, 협상 테이블에 앉아 있던 김홍인 전무를 세 번이나 전화기로 불렀다. 그리고 메모리 반도체 기술이 없는 지멘스가 50억 엔에 샀다면, 우리는 64K와 256K D램 기술이 있으니 대략 30억 엔 정도에서 배팅하라고 코치했다. 그러나 협상은 성사되지 않았다.

다시 만났을 때 도시바는 100억 엔을 요구했다. 그것도 1M D램 설계가 아닌 256K S램 설계를 주겠다고 했다. D램보다 집적도가 4배나 높은 256K S램 설계를 응용하면 얼마든지 1M D램을 개발해낼 수 있을 거라는 게 그들의 주장이었다.

도시바는 처음부터 1M D램 기술을 팔 생각이 없었던 셈이다. 그럼에도 협상 테이블에 앉은 건 삼성의 상황을 파악하기 위한 제스처였다. 그리고 도저히 수용할 수 없는 가격을 요구하고는 웃으면서 돌아갔다. 삼성의 잘못된 판단이었다. 지멘스에 기술을 팔았으니 당연히 삼성에도 기술을 팔 거라고 생각한 것부터가 오산이었다.

삼성보다 한 걸음 뒤에 메모리 반도체 사업을 시작한 지멘스에 50억 엔에 팔았다면 삼성에게는 그 이하로 팔 거라고 계산한 것도 착각이었다. 지멘스의 반도체 사업 형태와 시장은 일본과 겹치지 않지만 삼성은 정확하게 겹친다. 호암이 놓친 것이 바로 그 점이었다.

다시 자체 개발에 매달린 삼성은 도시바처럼 양면작전을

구사했다. SSI는 NMOS 구조로 계속 개발하고, 기흥에서 박용의 박사 등이 CMOS 구조의 1M D램 개발에 착수한 것이다. 이건희 부회장이 어려운 결정들을 과감하게 정리해준 기흥팀은 1986년 3월 설계를 완성하고 7월에 동작칩을 얻었다. 이어 SSI도 8월에 설계를 완성하고 11월에 동작칩을 얻었다.

상황이 다시 복잡해졌다. 둘 다 개발에 성공하자 개발 전과 같은 상황이 되고 말았다. 양산 전에는 둘의 우수성을 비교 확인할 수 없는데, 기흥과 SSI 기술진은 서로 자신들이 개발한 칩이 더 우수하다고 주장했다.

경영진이 '캐스팅 보트casting vote'를 행사하는 것도 쉬운 일이 아니었다. 정답을 모르는 상황에서 어느 한 쪽의 손을 들어주면 다른 쪽의 자존심과 의욕이 다치게 된다. 무척 어려운 결정이었지만 결국 기흥에서 개발한 CMOS 칩을 양산하기로 했다.

이 일은 삼성 내부에서 '사건'으로 회자됐다. 제자팀이 스승팀을 이긴 셈이었으니 자칫 자존심 대결의 문제가 될 수 있었다. 실제로 SSI 기술진이 동요하자 이건희 부회장이 직접 나섰다. 1M D램부터는 설계가 복잡하고 공정이 까다로운 면이 있어도 전력소비가 적은 CMOS 구조로 넘어가는 게 세계적인 추세다. 또한 NMOS를 채택하게 되면 개발팀SSI과 양산공장(기흥)이 분리돼 양산 과장에서 어려움이 나타날 수 있다. 이건희 부회장은 구체적이고 지극히 현실적인 문제를 짚었다.

곧 CMOS 구조의 우수성이 확인됐고, D램의 표준 아키텍처가 CMOS로 완전히 굳어졌다. NMOS로 1M D램을 개발했던 업체들은 서둘러 CMOS 제품을 개발하기 시작했다.

도시바는 1986년 4월부터 1M D램을 월 100만 개씩 양산했다. 도시바는 1950년대 일본 진공관 시장에선 절대적인 강자였다. 그러나 그 때문에 트랜지스터 사업 진출이 조금 늦었고, 반도체칩도 혼자 S램에 주력하는 바람에 한동안 NEC, 히타치, 후지쯔 등에 밀린다는 평가를 받았다. 그럼에도 보란 듯이 1M D램의 선행개발에 성공했다. 그것도 업계의 상식을 깬 CMOS 기술을 과감하게 채택하여 경쟁력까지 확보했다. 도시바는 1986년 NEC에 이어 세계 2위 반도체 업체로 부상했다.

12년 연속적자의 덫에서 어떻게 나올 것인가

삼성은 1986년 말 1M D램 동작칩을 얻었지만 1M D램 양산 라인인 3라인은 1987년 8월에야 착공했다. 동작칩을 얻고도 3라인 착공을 근 1년간 미룬 것은 256K D램 양산 라인의 아픈 경험 때문이었다. 설비투자는 늦어도 안 되지만 너무 빨라도 자금 압박 등 큰 타격을 입을 수 있음을 경험을 통해 알게 된 것이다. 임원들은 다 지어놓고 1년 가까이 가동조차 못한 2라인의 실수를 재현하고 싶지 않았다.

그러나 호암은 기흥에 내려올 때마다 매번 창문 아래를 손으로 가리키며, 저기쯤 3라인이 서면 전체적인 조화가 잘 맞을 거라며 혼잣말을 했다. 호암은 "이렇게 해! 저렇게 해!"라고 대놓고 지시하기보다는 "이건 어떻게 생각해? 그러면 어떻게 되는 거지?"라는 질문으로 임원들이 스스로 생각하고 결정하게끔 유도했다.

처음 VLSI 사업을 시작할 때도 몇 번이나 LSI 사업계획서가 올라와도 그냥 반려하기만 했지, LSI가 아니고 VLSI라고 대놓고 말하지 않았다. 도쿄 구상도 이미 반도체 사업 진출

결심을 굳히고도 임직원들을 불러 개개인의 의사를 물었다.

호암이 마침내 1987년 2월, 3라인을 지으라고 직접 지시했다. 그동안 임원들도 호암이 우회적으로 3라인 건설을 재촉하는 것을 모르지 않았다. 그러나 다들 모른 척했다. 반도체 사업의 적자가 너무 컸기 때문이다. 한국반도체 인수 시기까지 거슬러 올라가면 12년 연속 적자였다. 기적이 일어나지 않는 한 1987년에도 적자가 분명했다. 알 만한 기관이나 사람들은 삼성이 얼마만큼 위험한 상황인지 이미 다 알고 있었다.

반도체 생산 라인은 집적도가 올라갈수록 건설비용이 증가한다. 1라인은 1억 5,000만 달러, 2라인은 2억 5,000만 달러가 소요됐다. 이미 누적 적자가 감당하기 어려운 한계선을 넘어간 상황에서 3억 4,000만 달러로 추산되는 3라인을 또 건설하는 건 정말 어리석고 무모하다는 의견이 압도적이었다. 삼성 내부에서도 반도체 사업 때문에 그룹 전체가 위험하다는 말이 나온 지 오래였다. 그런 상황에서 호암의 3라인 건설 지시가 알려지면서 호암이 이전 같지 않다, 호암의 판단력이 흐려졌다는 말까지 나왔다.

삼성이 64K D램을 처음 출하하자 선발업체들은 바로 64K D램 가격을 내리고 256K D램을 출하했다. 256K D램을 출하했을 때도 똑같은 상황이 재연됐다. 당연히 1M D램도 똑같은 상황이 될 거라는 예상이 지배적이었다. 반도체 사업은 아무래도 가망이 없어 보였다.

처음으로 호암의 판단을 의심하다

호암은 도쿄에 가서도 계속 3라인 건설을 재촉했다. 서울의 임원들 사이에서는 누구라도 나서서 호암이 반도체 사업을 포기하게 해야 한다는 말까지 나왔다. 절박한 심정의 임원들이 호암의 마음을 돌려보기 위해 동경정보센터의 김홍인 부장의 등을 떠밀었으나, 아니나 다를까 불호령이 떨어졌다. 김홍인 부장이 쫓겨나지 않은 것만도 다행이었다.

새삼스러운 말이지만 삼성에서 호암의 영향력은 절대적이었다. 창업자라서 혹은 오너라서가 아니라 모두가 진정으로 호암의 경영철학에 공감했기 때문이다. 호암은 수익만 생각하는 사업가가 아니었다. 사석에서도 자주 경영이란 기본적으로 국가와 민족을 위해 봉사하는 것이며, 더 나아가 국가의 경계마저 뛰어넘어 인류의 번영에 기여해야 한다고 말했다. 호암은 늘 세계 유수의 기업을 경쟁상대로 생각하며 삼성을 경영했다. 때문에 국내 정부와 정치, 다른 기업과의 관계에서는 원만하지 못했다.

그럼에도 임직원들은 호암의 큰 생각에 공감하며, 호암의 결정 하나하나가 한국과 삼성의 미래라며 철석같이 믿고 따랐다. 그런 그들이 호암의 등 뒤에서 쑤군대며 그의 판단을 의심했다는 것은 그만큼 삼성의 상황이 심각했다는 의미였다.

정부에서도 삼성의 반도체 사업을 놓고 말이 많았다. 애초에 반도체 사업 지원을 반대했던 경제기획원 등이 보란 듯이 목청을 높이며, 삼성의 반도체 사업을 공사화해야 한다고 주장했다. 반면 청와대 경제팀은 일본이 사사건건 발목을 잡으니 한국도 범국가적으로 반도체 사업을 지원하여 일본과의 반도체 전쟁을 불사해야 한다고 주장했다.

다행히 청와대 경제팀의 계속 지원안이 관철된 덕에 삼성은 3라인 건설 자금인 1억 달러의 차관을 받을 수 있었다. 자칫 정부에 의해 반도체 사업이 중단될 수도 있었던 아찔한 순간이었다.

호암은 20쪽에 달하는 3라인 투자 검토 보고서를 받고 평소와 다르게 매우 화를 냈다. 삼성그룹의 파산 가능성까지 언급한 보고서를 호암은 즉시 반려했다. 호암이 기대한 건 무조건 3라인을 건설하겠다는 깔끔한 보고서였다. 호암은 계속해서 3라인 건설을 독촉했다.

"왜 늦느냐, 빨리 시작해라, 우리에게 정말 좋은 기회가 오고 있다." 계속해서 말하고 또 말했지만 모두 이런저런 핑계를 대며 건설을 미루기만 했다. 사실 임원들이 모두 그렇게 하기로 의견을 모았기 때문이었다. 삼성 임원들이 호암의 판단을 의심한 건 이때가 처음이자 마지막이었다. 그들은 자신들의 목을 걸고 삼성을 지킨다고 생각했지만 호암이 그것을 모를 리 없었다. 1987년 8월 6일 더 이상 미룰 수 없다고 판단한 호암은 "내일 착공해라. 내가 직접 참석하겠다"고 단호히 말했다.

1987년 8월 7일, 마침내 3라인 건설이 시작되었다. 호암이 처음 착공을 지시하고 6개월이나 지나서였다. 임원들은

6개월을 지연시켜 그간의 이자라도 건졌다고 내심 뿌듯해했다. 그러나 나중에는 모두들 후회했다.

수많은 정보 속에서 미래를 헤아리다

도시바가 1M D램 양산을 시작한 1986년 4월, 호암이 기흥 3라인 투자에 대한 타당성 조사를 지시했다. 호암은 또 다른 수를 읽고 있었다.

1985년 9월 22일 '플라자 합의'는 일본의 '잃어버린 10년'의 한 원인으로 지적되곤 한다. 미국은 이를 끌어내기 위해 사전에 대일본 강공책을 폈다. 1985년 6월 24일, 마이크론이 ITC에 NEC, 히타치, 미쓰비시, 오끼전기 등 일본의 7개 반도체 회사를 반덤핑 혐의로 제소했다. AMD, 모스텍, 모토로라, 내셔널세미컨덕터, 텍사스인스트루먼트, 인텔이 마이크론을 지원했다.

당시 일본은 대미 반도체 무역에서 천문학적인 숫자의 흑자를 내고 있었다. 반면 미 반도체 업계는 세전수익이 1984년

14퍼센트에서 1985년에 마이너스 10퍼센트로 추락하고, 가동률도 1984년 70퍼센트에서 1985년 45퍼센트로 내려앉았다. 그러자 반도체 적자가 미국의 무역·재정 쌍둥이 적자의 최대 원인으로 지목되며 미국 내 대일 여론이 급격히 악화됐다.

미국의 대일 감정이 악화된 데는 또 다른 문제도 있었다. 미국은 1984년 말부터 소련 잠수함의 저소음화 현상의 원인을 조사하면서 일본에도 협조를 구했다. 레이더에 소련 잠수함의 움직임이 잘 포착되지 않았기 때문이다. 일본 정부는 도시바 계열의 도시바기계가 1982년 2월에서 1984년 3월 사이에 잠수함과 항공모함 스크루를 가공하는 공작기계와 컴퓨터프로그램을 소련에 수출했다는 사실을 알아내고 은폐하려 했으나, 결국 미국이 그 사실을 알게 됐다. 도시바 사장이 사임하고 일본 정부가 공개 사과했지만 미 의회는 만장일치로 대일본 무역제재안을 통과시켰다.

ITC는 1986년 3월, 일본 반도체 업체들에게 최소 21.7퍼센트에서 최대 188퍼센트에 이르는 덤핑 마진율을 확정했다. 이에 일본 반도체 업계가 백기를 들었고, 1986년 7월 31일 미일 간 반도체 무역협정이 체결됐다. 미국이 덤핑 제소를 철

회하는 대신 일본은 반도체의 수출 가격과 생산 가격을 미국 측에 공개하기로 했다. 제3국에서 조립해서 수출하던 우회수출 제품도 가격을 공개하기로 했다.

더 이상 이전 같은 막강한 경쟁력을 유지할 수 없게 된 일본 반도체 업계는 메모리 반도체를 25퍼센트 이상 감산했다. 이는 1987년 말 시작된 D램의 공급부족과 가격폭등을 이해하는 데도 도움이 된다.

그런데 당장에 가장 큰 이득을 본 건 오히려 일본이었다. D램 가격이 급등하자 여전히 최대 공급자였던 일본 업체들이 한동안 가장 많은 수익을 올린 것이다. 반면에 미국 PC 업체들이 가장 큰 손해를 입었고, 장기적으로 큰 이득을 본 것이 바로 한국이었다. 덕분에 미국 시장을 잠식해 들어갈 수 있었기 때문이다.

호암은 매년 연말과 연초를 일본에서 보내며 세계 경제 동향과 전망 등을 분석하는 특별 기획방송이나 프로그램을 빼놓지 않고 보곤 했다. 그런 다음 신년인사를 겸해서 실력 있는 경제 기자나 경제학자, 재계 인사들을 만나 세계 경제나 일본 경제가 돌아가는 전반적인 이야기를 들었다. 1월 중순

쯤 귀국한 호암은 비서실에 관련 보고서를 요구했다. 어떤 권위자가 하는 말이든 간에, 호암은 스스로 수긍이 될 때까지 자료를 통해 재확인했다.

3라인 투자와 관련하여 호암 방에 들어간 보고서는 어른 키 높이에 버금갈 정도였다. 그는 그렇게 많은 자료를 일일이 밑줄을 그어가며 다 읽었다. 호암은 어떤 일을 결정하기 전에 반드시 실천하는 두 가지 원칙이 있었다. 하나는 그 일과 관련된 전문가들을 만나 그들의 경험과 의견을 듣는 것이고, 다른 하나는 스스로 확인하는 것이다. 여기저기서 수많은 정보와 숫자를 수집하여 논리적인 정보와 숫자로 엮어내는 건 늘 호암의 몫이었다. *

호암은 미일 간 반도체 무역협정이 체결되기 이전부터 기

---

plus tip 호암은 《호암자전》에서 조사한 자료의 정보와 숫자만 갖고는 가부간의 결론이 나지 않는 경우가 많다며, 이때 최고경영자의 직관력이 필요하다고 했다. 호암이 말하는 직관력이란 일반적으로 생각하는 감과는 많이 다르다. 그것은 치밀한 계획과 철저한 자료조사가 바탕이 된다.

흥에 내려올 때마다 미국의 보복이 빨라지겠다며 3라인을 빨리 지어야 한다고 재촉했지만 호암의 말을 귀담아 듣는 사람은 없었다. 그들은 당장 눈앞에 닥친 어려움 때문에 다음에 전개될 수를 헤아릴 여유가 없었다. 천문학적인 액수의 적자가 쌓인 상황에서 또 다시 천문학적 설비투자를 감행한다는 호암을 아무도 이해하지 못했다.

선의의 경쟁자였던 아산 정주영(1915~2001) 회장은 이렇게 말했다. "호암이 걸출한 사업가였다는 것은 세상의 모든 이들이 알 것이다. 그분은 자신만의 치밀한 판단력과 혜안으로 삼성을 일궜으며, 삼성이 한국의 울타리를 뛰어넘어 세계로 나가는 발판을 놓았다."

호암의 꿈은 계속된다, 그리고 진화한다

3라인 착공식이 호암이 참석한 마지막 공식 행사였다. 호암은 이미 눈에 띄게 쇠약해져 있었다. 착공식 후 한남동 자택에만 머물던 호암이 차를 불렀다. 1987년 9월의 어느 날이었다. 행선지를 말하지 않고 떠난 호암이 도착한 곳은 기흥공장이었다. 그는 차에서 내려 계단을 오르다가 넘어졌다. 거동이 불편한 탓이었다.

이윤우 상무와 진대제 이사가 달려와 부축했다. 호암이 큰 소리로 말했다. "봤지?"

국내에서 생산되는 반도체 제품은 대부분 외국 제품의 복제품에 불과하며, 이렇게 단순히 모방하는 기술로는 결코 반도체 사업에서 성공할 수 없다는 아침 신문 기사를 두고 한 말이었다. 호암은 이렇게 말을 이었다.

"우리가 남의 것만 베꼈다는 게 사실이가? 영국은 증기기관을 개발해 100년 동안 세계를 제패했다. 그런데 기껏 남의 것을 모방하기 위해 우리가 이렇게 힘들게 반도체 사업을 했는가?"

이윤우 상무와 진대제 이사는 다시는 그런 말이 나오지 않도록 완벽한 제품을 만들겠다고, 꼭 세계 시장을 석권하겠다고 힘주어 대답했다.

한국도 영국의 증기기관 같은 독보적 기술과 제품으로 세계 시장을 제패하는 것을 보고 싶었던 호암은 기흥 3라인이 착공되고 3개월 후 타계했다. 삼성 내부에서 반도체 사업 회의론이 비등하고 있던 1987년 11월 19일이었다.

일본의 오노 교수는, 호암은 진정 어려운 시기에 한국의 경제를 리드했으나 한국의 정치가 여러 번 그의 사업가적 기질을 가로막았다고 평했다. 호암 생전에 우리 정부와 기업 혹은 정치인과 기업인은 갑을 관계였다. 호암도《호암자전》에 전자 사업에 대한 정부의 심한 간섭과 억제만 없었더라면 훨씬 폭넓고 빠른 발전을 이룩했을 거라며 답답한 심정을 밝혔다. 그리고 보란 듯이 반도체 사업에 자신이 가진 모든 능력과 의지를 쏟아 부었다.

"내 나이 칠십이 넘었다. 그런 내가 돈 때문에 이렇게 힘들고 위험한 사업을 하겠느냐. 돈은 쓸 만큼 있다. 나라의 장래를 생각하기 때문이다."

그러나 호암의 진심을 이해하지 못하는 사람은 여전히 많았다.

호암이 타계하자 3라인 건설이 중단될 거라는 추측기사를 내보낸 언론도 있었고, 이건희 회장에게 그렇게 하는 게 좋을 것 같다고 조언한 측근들도 있었다. 그들은 이건희 회장이 반도체 사업을 중단할 거라고 생각했다.

그러나 호암이 반도체와 관련하여 가장 많이 머리를 맞댄 사람이 홍진기 회장과 이건희 부회장이었다. 세 사람은 만나기만 하면 반도체 얘기를 했다. 보스턴 대학에서 명예 경제학박사 학위를 받은 후 호암을 샌프란시스코, 시카고 등지에 있는 IBM, GE, HP 등으로 안내한 것도 이건희 부회장이었다. 2라인 건설 이후 3라인 선행투자에 따른 감가상각 및 이익회수율을 도표로 그린 '선행투자자 이익표'를 만들어 호암에게 올린 이도 이건희 부회장이었다.

다행히 더 이상 반도체 사업 포기를 선택지에 놓지 않아도 되는 상황이 전개됐다. 3년 불황이 끝난 PC 시장이 활성화되면서 반도체 품귀현상이 벌어졌다. 미일 간 반도체 무역협정에 발목이 잡힌 일본이 D램 생산을 줄이고, 1985년 이래 계속되는 경기 침체에 주눅이 든 모스텍과 내셔널세미컨덕터까지 D램 사업에서 손을 뗀 뒤였다. 그동안 일본으로 가던 주문장이 삼성 등 한국으로 유턴했다. 1달러 50센트까지 떨어졌던 256K D램의 가격이 6달러까지 치솟았다.

애플과도 직거래를 시작한 1988년 삼성은 반도체 사업에서 처음으로 흑자를 냈다. 1983년 도쿄 선언을 발표한 지 5년 만에, 1974년 한국반도체를 인수한 지 14년 만에 이뤄낸 소중한 성과였다. 그동안 투자한 비용과 설비에 대한 감가상각 등 누적적자를 모두 제하고도 흑자였다. 1988년 10월 준공된 3라인은 6개월의 기회 손실을 본 셈이었다. 현대전자 역시 1988년 반도체 부문에서 첫 흑자를 냈다.

이듬해 삼성은 1M D램 양산을 시작했다. 그러자 도시바 등 경쟁사들은 4M D램으로 건너갔다. 1986년부터 1M D램을 양산했으니 D램 수요 주기상으로는 빠르지도 늦지도 않은 것이었다. 그런데 때맞춰 PC 수요가 감소하자 원가를 절감하기 위해 PC 업체들이 계속 1M D램을 주메모리 제품으로 사용했다. 삼성은 256K D램에 이어 1M D램까지 때늦은 수요를 거의 도맡아 공급했다.

호암이 3라인 건설을 재촉하면서 우리에게 정말 좋은 기회가 온다던 말, 그대로였다. 그러나 호암은 '경영의 신'이 아니었다. 그가 '감의 경영'을 한 것은 더더욱 아니었다. 오히려 다른 어떤 사업가들보다 더 발로 뛰며, 듣고 보고 읽으며 얻은 정보들을 논리적으로 연결했다. 빈 바둑판을 준비해놓고 관련되는 정보와 숫자들을 직접 놓아보았다. 미국과 일본이 두는 바둑을 지켜보면서 다음 수를 읽었다.

호암은 운도 중요하게 생각했다. 그러나 그에 관해서는 《호암자전》에 이렇게 설명했다. "생의 일대 전기가 되는 운을 만나는 것은 일생에 아마 한두 번에 지나지 않을 것이다. 운이 다가오기를 기다리는 둔한 맛이 있어야 하고, 운이 트일 때까지 버티어나가는 근이 있어야 한다."

호암은 상상할 수 있는 모든 경우의 수를 바둑판 위에 직접 놓아본 뒤에 둔하게 기다렸다.

영원한
승자는
없다

호암은 수익만 생각하는

사업가가 아니었다.

사석에서도 '경영이란 기본적으로

국가와 민족을 위해 봉사하는 것이며,

더 나아가 국가의 경계마저 뛰어넘어

인류의 번영에 기여해야 한다'고 자주 말했다.

호암은 늘 세계 유수의 기업을

경쟁상대로 생각하며 삼성을 경영했다.

이것이 일본뿐 아니라

세계적 기업들을 추월할 수 있었던

결정적 동력 아니었을까.

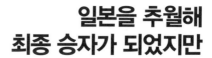

chapter 08

일본을 추월해
최종 승자가 되었지만

1986년 늦은 겨울, SSI의 구석진 방에서 진대제 박사와 권
오현 박사가 피곤한 모습으로 책상에 앉아 있었다. 두 사람
은 4M D램 선행개발을 막 시작한 참이었다. 다른 방에서는
1M D램 개발이 한창이었다.

진대제 박사는 스탠퍼드 대학을 졸업하고 취업을 준비하
던 권오현 박사를 찾아가 SSI에서 함께 일하자고 제안했다.
IBM에 근무하던 진대제 박사를 삼성으로 이끈 사람은 스탠
퍼드 대학 선배인 이일복 박사였고, 이일복 박사를 삼성에
소개한 이는 같은 대학에서 박사학위를 받은 이임성 박사였

다. 여러 차례 제안을 고사하던 이임성 박사가 삼성에 합류하기로 결심한 것은 호암이 던진 한마디 때문이었다.

"지금 반도체 산업을 하지 않으면, 한국의 미래는 어둡다. 한국인 기업가와 과학자들이 한국을 돕지 않으면 누가 한국을 돕겠는가?"

진대제 박사와 권오현 박사는 먼저 접근하기 쉬운 1M D램을 만들어보고, 그 기술과 경험을 바탕으로 4M D램 개발에 도전하기로 했다. 먼저 도시바의 1M D램을 구해 측면을 갈아 현미경으로 구조를 살피는 등의 기초적인 연구를 시작했다. 그들은 1년 만에 1M D램을 만들었고, 그 결과를 기초로 하여 4M D램 개발을 시작했다.

칩 속에 트랜지스터와 축전기가 각각 100만 개씩 내장된 1M D램까지는 웨이퍼의 평면만 사용하는 미세 공정만으로도 집적도를 높일 수 있었다. 그러나 트랜지스터와 축전기를 합쳐 1,000만 개 이상의 소자를 집적시키는 4M D램부터는 평면만으로는 부족했다. 표면을 파고들어가 지하에 층을 만들든지 아파트처럼 층을 올려야 필요로 하는 셀을 다 만들 수 있었다.

전자가 트렌치Trench(도랑), 후자가 스택Stack(쌓기) 구조다. 지하와 지상의 차이점은 얼핏 생각하면 간단하지만 품질과 수율의 차이점은 결코 간단하지 않았다. 하지만 그것은 양산 단계에 들어서야 확인할 수 있었다. 당시 IBM, 도시바, NEC가 트렌치 구조로, 히타치, 미쓰비시, 마쓰시타전기, 후지쯔가 스택 구조의 4M D램을 개발하고 있었다. 진대제 박사와 권오현 박사는 트렌치 구조를 선택했다.

4M D램으로 도시바를 넘어서다

1M D램 개발에 참여했던 SSI의 일부 엔지니어들이 4M D램 개발에 합류한 1987년 초, 트렌치 공정은 마스크의 수축이 어렵다는 정보를 입수했다. 마스크를 웨이퍼보다 크게 제작한 뒤 반복하여 축소촬영하는 식으로 웨이퍼에 회로를 전사하는데, 입수한 정보대로 수축이 어렵다면 그것은 수율과 직결되는 큰 문제였다. 4M D램 개발 초기에는 트렌치와 스택을 선택하는 비율이 약 5대 1이었으나 5대 5까지 좁혀

지고 있다는 정보도 입수했다.

하지만 어디까지나 미확인 정보고 통계였다. 여전히 트렌치가 정답인지, 스택이 정답인지는 판가름하기 어려웠다. 공교롭게도 1M D램 개발 때 SSI가 개발한 NMOS와 기흥에서 개발한 CMOS를 놓고 고민하던 것과 똑같은 상황이 재현됐다. 할 수 없이 이번에도 양면작전으로 나갔다. SSI에서는 트렌치 구조로 개발을 계속하고 일종의 백업 장치로 기흥에서 스택 구조로 개발을 시작했다. 그리고 얼마 안 돼서 스택이 정답이라는 확신이 거의 굳어졌다.

구멍을 파는 트렌치는 그 안을 들여다볼 수가 없지만 아파트처럼 위로 쌓는 스택은 눈으로 확인하며 검증할 수 있다. 그 차이는 품질과 수율 조정에 결정적인 영향을 미친다. 그러나 1M D램 양산을 앞두고 자신들이 개발한 NMOS를 포기했던 SSI가 이번에는 순순히 양보하지 않았다. 스택이 우수한지 트렌치가 우수한지를 양산 단계에서 비교해보자며 버텼다. 그렇게 어느 쪽으로도 결정하지 못한 채 두어 달이 지나갔다.

이번에도 경영진이 나서 SSI 기술진들을 설득했는데, 다행히 역시 스택이 정답이었다. 4M뿐만 아니라 16M, 64M D램도 스택 구조가 정답이었다. 초기에 트렌치 구조로 4M D램을 개발한 도시바와 NEC는 스택 구조로 바꿔 다시 개발해야 했다. 그 사이에 히타치가 도시바를 제치고 D램 매출 1위로 올라섰다.

삼성은 1988년 2월 스택 구조의 4M D램 동작칩을 얻었지만, 두 가지 문제 때문에 양산이 늦어졌다. 한 가지는 가공이 끝난 칩에서 불량을 걸러내기 위해 높은 열을 가하는 작업 도중 칩이 모두 까맣게 변하는 현상이었다. 무려 6개월간 그 원인을 찾지 못했다.

포기를 선언하고 싶을 때면 이건희 회장이 기흥공장에 내려와 오찬을 함께 하며 격려했다. 하지만 엔지니어들은 그 자리가 오히려 자신들을 더 비참하게 만들었다고 회고했다. 그렇게 더 이상 적용해볼 방법조차 찾지 못하고 있을 때 한 엔지니어가 우연히 옵션으로 넣은 회로에서 전류가 흐르는 것을 발견하면서 마침내 칩이 변색되는 원인을 잡을 수 있었다.

두 번째는 64K, 256K, 1M D램에서도 계속 속을 썩인 문제로, 입력된 기억을 재생시키는 리프레시의 불량이었다. 1989년 연구소의 표어가 '리프레시를 개선하자'였을 정도였다. 그것도 정말 우연한 기회에 해결되었다. 일요일에 출근한 한 엔지니어가 무심코 리프레시와 관련된 공정의 순서를 바꾸어보았더니 순식간에 리프레시가 최고점까지 튀어올랐다.

삼성은 1990년 4M D램 양산을 시작했다. 그리고 바로 그해에 IBM과 HP를 고정 거래선으로 확보하면서 D램 매출에서 도시바를 제치고 히타치에 이어 2위를 기록했다.

16M D램으로 쿠데타를 준비하다

NTT가 1987년 2월, 16M D램을 선행개발했다. 이듬해에는 히타치, 도시바, 마쓰시타전기가, 1989년 2월에는 NEC와 미쓰비시가 16M D램을 개발했다고 발표했다. 하지만 그들이 완전동작칩을 개발했는지 부분동작칩을 개발했는지는 알 수 없었다. 경쟁사에게 완전한 패를 보이지 않는 건 반도체 업계의 상식이다.

삼성은 4M D램 동작칩을 얻은 1988년 중반, 16M D램 개발팀을 구성했다. 그리고 채 1년도 되지 않은 1989년 4월에 동작칩을 얻었다. 모두가 깜짝 놀란 이 사건은 4M D램의 셀 구조를 그대로 이용하고 초미세 공정으로 박막만 더 줄이면 1,600만 개의 메모리셀을 모두 만들 수 있을 거라는 기술자적 육감을 따른 수확이었다.

극히 일부분이 동작하는 칩이었지만 미국을 추월하여 NEC나 미쓰비시와 거의 비슷한 시기에 차세대 칩을 개발한 것만으로도 대단한 성과였다. 하지만 16M D램 개발의 진짜 의미는 따로 있었다. 그것은 삼성이 완전하게 자체 기술과 경험만으로 개발한 첫 번째 칩이었다는 것이다. 일부러 그렇게 한 것은 아니었다. 16M D램에 대한 선행정보를 구할 수 없었기 때문이다. 어떤 산업이든 기술력만 앞선다고 다 1등 기업이 되는 건 아니다. 지피지기라는 것은 어디까지나 정보력이다. 호암도 늘 그 점을 강조했다.

1,600만 개의 메모리셀이 모두 동작하는 16M D램은 1990년 8월에 얻었다. 이듬해 진대제 박사가 직접 16M D램

샘플칩을 갖고 IBM에 들어갔다. 256K D램을 납품한 뒤 불량이 많다며 1M D램의 구매 요청을 거절하고, 4M D램은 평가조차 해주지 않은 IBM이었다. 16M D램 샘플칩을 건네자 IBM이 놀라는 눈치였다. 샘플칩은 경쟁사를 의식해 비공개로 주고받는 게 반도체 업계의 관행인데, 그것은 IBM이 받아본 최초의 16M D램 칩이었다.

삼성은 HP, NCR 등에도 16M D램 샘플칩을 가장 먼저 제출했다. 뉴욕의 전기전자기술자협회(IEEE)가 1991년 7월 30일, 〈삼성의 쿠데타〉란 타이틀의 보고서를 발표했다. 마침내 삼성이 16M D램으로 세계 메모리 반도체 시장을 주도하고 있는 일본에 바짝 따라붙었다는 내용이었다.

삼성이 16M D램 샘플칩을 출시하자 NEC와 미쓰비시, 히타치가 서둘러 16M D램 양산 채비를 시작했다. 4M D램 라인 일부를 16M D램 라인으로 전환하거나 16M D램 라인을 신설했다. 그들은 4M D램 수요가 부진하여 16M D램 조기 양산을 결정했다고 했지만 속이 빤히 들여다보이는 말이었다. 누가 봐도 등 뒤까지 바짝 따라붙은 삼성을 의식한 행보였다.

D램 세계 1위, 삼성

진대제 박사팀이 16M D램 부분동작칩을 완전동작칩으로 만들고 있던 1990년 4월에 권오현 박사를 중심으로 한 64M D램 개발팀이 구성됐다. 개발진을 나누어 차세대 칩과 차차세대 칩을 동시에 개발하는 병행 엔지니어링 전략이다. 차세대 칩을 개발하여 양산 단계까지 끌어올리는 데는 보통 3~5년이 소요되는데 D램 수요 주기는 3년 안팎이었다. 때문에 차세대 제품을 개발하고 차차세대 제품 개발로 넘어가는 릴레이 방식으로는 시장을 선점하기가 어려웠다. 병행 엔지니어링 전략은 또한 선행개발에 성공한 차세대 칩(1세대)을 2세대, 3세대, 4세대 칩으로 계속 성능과 수율을 업그레이드하여 생산성을 높이고 원가를 낮추는 데도 유리하다.

그런데 64M D램 개발팀을 꾸리고 불과 한 달 만에 히타치가 64M D램을 개발했다고 발표했다. 상승세를 탄 삼성에 찬물을 끼얹는 소식이었다. 16M D램으로 드디어 1군에 따라붙었다고 좋아했는데, 곧바로 다시 2군 신세로 전락하게 된 셈이었다. 다행히 히타치가 개발한 건 부분동작칩이었고, 그게 오히려 자극제가 되었다. 개발팀은 죽기 아니면 까무러치기로 몰두했고 1992년 8월에 1억 4,400만 개의 소자를 집적한 64M D램 완전동작칩을 얻었다.

삼성이 1993년 5월부터 64M D램 샘플칩을 출하하자 일본 노무라 연구소가 〈D램 생산에서 정상에 선 한국의 반도체 공업〉이라는 제목의 보고서를 발표했다. 거기에는 한국이 8인치 웨이퍼 제조기술, 클린룸 기술, 수율, 설비 활용률 등에서 이미 일본을 앞질렀으며, 일본은 현실을 직시하고 한국과 새로운 보완관계를 구축해야 한다고 쓰여 있었다. 마침내 삼성의 경쟁력을 인정한 것이다. 그러나 실질적으로 삼성이 일본을 추월한 건 한 해 전인 1992년이었다.

1993년 5월, 매년 세계 반도체 제조업체들의 매출액과 시장 점유율을 발표하는 시장조사기관 데이터퀘스트가 1992년도 D램 실적을 발표했다. 4M D램 시장의 13.6퍼센트를 점유한 삼성전자가 11억 9,200만 달러(13.6퍼센트)로 2위인 도시바의 11억 2,300만 달러(12.8퍼센트)를 근소한 차이로 앞섰다. D램을 포함한 메모리 전체 시장 점유율에선 9.9퍼센트로 3위였다. 세계 반도체 업계는 후발주자인 삼성의 빠른 성장세에 다소 어이없어 하면서도 칭찬을 아끼지 않았다. 그들은 그동안 일본과 미국의 선발주자들이 삼성을 얼마나 심하게 견제했는지 잘 알고 있었다.

그 무렵 국가 간 혹은 국적을 달리하는 반도체 제조업체 간 공동개발이 유행했다. 언론은 이런 추세를 '적과의 동침'이라고 표현했지만 사실 엄청난 개발비와 인력을 투자하고도 시장을 선점하지 못하는 업체들의 고육지책이었다. 도시바와 IBM, 지멘스가 손잡고, 텍사스인스트루먼트와 히타치가 공동으로 256M D램을 개발했다. 삼성은 16M D램과 64M D램 독자개발이 어쩌다 우연히 얻어걸린 게 아니라는 것을 보여주자며 256M D램도 독자개발을 결정했다.

세계 최초로 256M D램을 개발하다

1992년 3월, 1989년에 삼성전자에 합류한 황창규 박사 등 70여 명이 256M D램 개발팀을 구성했다. 6개월 동안 사전 조사와 연구를 마친 개발팀은 256M D램 설계도를 따로 그리지 않기로 했다. 대신 그들은 너무 엉뚱하다 싶을 정도로 단순한 방법을 선택했다. 회로선 굵기가 0.5마이크로미터인 16M D램 설계를 그대로 이용하되, 회로선을 머리카락 480분의 1 굵기인 0.25마이크로미터까지 줄이기로 한 것이다. 접근법이 너무 단순해서 실패하면 너무 엉뚱하고 가벼운 발상이었다는 비난을 받을 수도 있겠지만, 0.25마이크로미터가 어느 정도로 미세한지를 알면 그런 말을 쉽게 할 수 없다.

사실 팀원들 사이에서도 너무 무리한 발상이 아니냐는 부정적 의견이 적지 않았다. 한 달 이상 된다, 안 된다를 따지다가 일단 개발에 착수했다. 이건 도저히 불가능한 방법이라는 말이 수시로 튀어나오는 사이에 1년이 후딱 지나갔다. 그동안의 성과는 회로선 굵기를 0.28마이크로미터까지 줄인 것뿐이었다. 하지만 그즈음부터 이만큼 줄였으면 더 줄일 수도 있을 거라는 긍정적인 기대가 싹트기 시작했고, 이후로는 모두 한마음으로 개발에 몰두했다. 1993년 말 0.25마이크로미터의 회로선 안에 2억 6,700만 개의 셀을 넣은 설계도를 완성했다.

1994년 8월 11일, 모든 공정을 마친 10장의 웨이퍼가 나왔다. 오전 9시부터 오후 4시까지 8장의 웨이퍼를 검사했지만 셀이 동작하는 칩은 보이지 않았다. 그때까지 자리를 뜨지 않은 연구원들도 연속되는 실패에 건성으로 워크스테이션을 쳐다보고 있었다. 마지막 2장의 웨이퍼를 테스트 장비에 넣고 잠시 후 누군가 고함을 질렀다. 자리를 떴던 연구원들이 뛰어왔다. 동작셀의 비율이 90퍼센트를 넘더니 95퍼센트, 그리고 100퍼센트로 나타났다. 순간 테스트 장비를 의심했다. 혹시 고장 난 건 아닐까? 첫 번째 테스트한 웨이퍼에서 완전동작칩을 얻는 건 세계 반도체 업계에서 거의 유례가 없는 일이었기 때문이다. 그 칩을 10번 이상 검사했지만 결과는 마찬가지였다. 정말 2억 6,700만 개 셀이 모두 동작했다.

1994년 8월 29일 삼성은 256M D램 개발 사실을 공식 발표하고, 12월 13일 캘리포니아 HP의 로렌스 부회장에게 샘플칩을 건넸다. 로렌스 부회장은 세계 최초 256M D램의 첫 번째 고객이 되어 영광이라며 활짝 웃었다. 이어 NEC가 1995년 초에 세계에서 두 번째로 256M D램을 개발했다.

일본 언론은 〈일·한 역전〉이라는 타이틀로 기사를 실었다. 기사는 "한국의 삼성은 기술력에서 자신을 더해가고 있다. 수년 전까지만 해도 일본 반도체보다 싼 가격을 무기로 수출을 확대해왔으나 최근의 가격은 일본과 거의 동등하다. 한국 반도체는 이제 싸다, 나쁘다에서 탈피했다"고 일부 패배를 인정하면서도 기술은 여전히 일본이 앞서고 있다는 말을 덧붙였다.

위기 속에서 얻어낸 '크리스털 볼'

미일 간 반도체 무역협정 이후에도 일본의 미국 시장 점유율은 50퍼센트를 넘었다. 반면 미국의 일본 시장 확장은 번번이 실패로 끝났다. 미국은 상황이 기대했던 대로 전개되지 않자 일본 시장 특유의 폐쇄성을 지적하면서 1991년 6월 미일 간 2차 반도체 무역협정을 끌어냈다. 일본 내 외국산 반도체의 시장 점유율을 20퍼센트 이상으로 유지한다는 내용이었다. 그 덕분인지 1993년 미국의 반도체 세계 시장 점유율(41.9퍼센트)이 일본(41.4퍼센트)을 앞섰다. 소수점 이하의 미세한 차이지만 미국으론 7년 만의 재역전이었다. 그것은 사실 인텔의 PC용 비메모리와 모토로라의 통신용 비메모리의 매출 급신장 덕분이었다.

이런 상황에서 자칫 한국도 미일 간 2차 반도체 무역협정의 제3의 피해자가 될 뻔했다. 일본 D램의 미국 수출 물량이 감소하자 한국 D램의 미국 시장 점유율이 25퍼센트로 올라갔다. 그러자 곧바로 빈볼이 날아왔다. 1992년 4월 마이크론이 삼성전자, 현대전자, 금성일렉트론을 반덤핑 혐의로 제소한 것이다. 미국 업체들이 하나둘씩 메모리 사업을 포기하는 바람에 미국 최대 D램 제조업체가 된 마이크론은 한국산 D램의 덤핑 마진율이 최저 13.2퍼센트에서 최고 282.51퍼센트에 이른다고 주장했다.

한국 3사는 급히 미국에서 변호사를 선임하여 대응했지만, 1992년 10월 29일 미 국제무역법원(이하 'CIT')이 내린 예비 판정의 덤핑 마진율은 현대전자 5.9퍼센트, 금성일렉트론 52.4퍼센트, 삼성전자는 무려 87.4퍼센트에 달했다. 한국 반도체산업협회가 미 상무부에 한국산 반도체가 일본 독과

점 체제를 약화시킴으로써 미국 PC 업계에 공헌했다는 내용의 진정서를 보내고, 한국 정부도 반도체협상단을 파견했지만 효과는 별로 없었다. 다행히 삼성 등이 협조를 요청한 IBM, HP, 애플, 컴팩 등이 미 상무부에 미일 간 반도체 무역협정의 최대 희생자는 자신들이며 만약 삼성 등 한국산 반도체까지 수입가격이 오르거나 수급이 불안정해지면 누구보다 자신들이 큰 타격을 입을 거라는 입장을 전달했다. 그러면서 마이크론의 칩이 품질과 서비스 면에서 한국산이나 일본산에 미치지 못한다는 사실도 덧붙였다.

CIT의 최종 판정은 현대전자 5.15퍼센트, 금성일렉트론 4.28퍼센트, 삼성전자 0.22퍼센트였다. 특히 삼성전자는 87.4퍼센트에서 0.22퍼센트로, 지옥과 천당을 오갈 만큼 드라마틱했다. 미국은 덤핑 마진이 0.5퍼센트 이하로 판정나면 덤핑 혐의가 없었던 것으로 간주한다. 삼성전자와 금성일렉트론은 1992년 10월 이후 미국에 수출한 D램에 부과됐던 예치금을 모두 돌려받았다. 게다가 삼성전자는 미국 중개상들이 수여하는 신의를 상징하는 '크리스털 볼'까지 받았다.

1992년 삼성전자가 도시바, 히타치 등을 제치고 D램 1위로 올라서기 직전, 일본 언론들은 삼성전자가 저가로 미국 시장을 공략한다는 둥 후지쯔에 특허사용료를 지불했다는 둥 정확하지 않은 기사를 남발했다. 그리고 얼마 후 마이크론이 한국 반도체 3사를 제소했다. 의도적이든 아니든 일본의 네거티브 작전은 성공한 듯했다. 그러나 최종 승자는 삼성이었다.

마이크론이 한국 3사를 제소하자 미국 PC 제조업체와 중개상들이 반도체 수급 사정이 나빠지거나 가격이 인상될까 봐 걱정했다. 실제로 CIT의 예비 판정이 나온 후 예치금을 내고 수출하는 것이 부담스러워 미국 수출을 일시 중단하거나 가격을 조정한 업체들이 있었다. 그러나 삼성전자는 예치금을 포함한 모든 부담을 떠안고 수주받은 물량을 차질 없이 납품한 삼성전자에 대한 미국 중개상들의 시선은 단순한 비즈니스 거래 선에서 어떤 상황에서도 신뢰할 수 있는 진정한 비즈니스 동반자로 바뀌었다. '크리스털 볼'은 '당신이 우리의 유일한 동반자'라는 감사의 인증이었다.

누구도 넘보기 어려운 최종 승자가 되다

그동안 기회만 되면 시비를 걸고 딴죽을 거는 경쟁사들에게 날린 삼성전자의 가장 센 펀치는 8인치 웨이퍼 양산라인에 대한 선행투자였다. 차세대 제품인 16M D램을 양산할 5라인 웨이퍼를 8인치로 결정하자 가장 먼저 삼성 임직원들이 놀랐다. 그들은 자신의 귀를 의심했다. 당시 도시바, NEC, 히타치 등이 8인치 테스트 라인을 갖고는 있었지만 8인치 양산 라인은 세계 어디에도 없었다. 아직 8인치 라인의 양산성이 입증되지 않았기 때문이었다.

8인치 웨이퍼 한 장에서 6인치 웨이퍼 1.8장에서 나오는 만큼의 칩을 얻을 수 있다. 웨이퍼는 크든 작든 장당 가공 시간과 비용이 비슷하다. 때문에 웨이퍼의 크기를 키우면 칩당 생산단가가 뚝 떨어져 엄청난 가격 경쟁력을 얻을 수 있다. 그런데도 누구도 먼저 8인치 양산 라인을 시도하지 않은 것은 웨이퍼가 커질수록 공정이 복잡해지면서 수율 및 품질의 균일성을 확보하기가 쉽지 않기 때문이다.

삼성전자가 가장 먼저 8인치 양산 라인에 도전하자 도시바, NEC, 히타치 등 이미 8인치 테스트 라인을 갖고 있던·업체들은 초조하게 결과를 지켜봤다. 그들은 실패하기를 바랐다. 하지만 그들은 삼성전자를 적극 지원하는 우군의 존재를 몰랐다. 많은 시간과 비용을 투자해 8인치 가공설비를 개발한 장비업체들이 바로 그들이다. 그동안 반도체 제조업체들을 찾아다니며 8인치 장비의 안정성을 설명했지만 누구도 먼저 시도하려고 하지 않았다. 그런데 삼성전자가 나서자 그들은 마치 자신의 일인 양 지원에 최선을 다했다.

삼성전자는 먼저 8인치 테스트 라인을 세워 예상되는 문제점들을 모두 잡은 뒤 양산 라인을 착공했다. 1993년 6월 3일, 8인치로 설계된 5라인이 준공됐다. 그해에 삼성전자가 D램을 포함한 메모리 반도체 전체 매출에서 세계 1위로 올라서자 그 후 누구든 큰 웨이퍼에 선행투자를 하면 세계 1위가 될 수 있다는 새로운 정설이 생겨났다. 그만큼 8인치 양산 라인의 선행투자는 정상적인 배포로는 하기 어려운 간 큰 결정이자 시도였다.

삼성전자는 5라인이 준공되고 한 달 후 1993년 7월에 6라인과 7라인을 착공했다. 물론 8인치 라인이었다. 1994년 6월

6라인과 7라인이 준공되자 이듬해 4월에는 8라인을 착공했다. 이로써 양산성에서 승부가 갈리는 메모리 반도체 산업에서 더는 누구도 삼성을 추월하기가 어렵게 됐다. 삼성은 말 그대로 '치킨게임'의 최종 승자가 됐다.

일본의 연이은 실책

8인치 양산 라인의 선행투자 기회를 삼성에게 뺏긴 일본은 히타치, NTT, 마쓰시타전기 등이 16M D램을 선행출시했다. 삼성을 의식한 결정이었다. 그러나 신제품 출시는 야구에서 투수를 교체하는 것과 같다. 너무 빨라서도 너무 늦어서도 안 된다. 최적의 교체 시기가 있다. 선발 투수의 상태와 상대팀의 기세와 작전을 면밀하게 분석하여 최적의 시점을 찾아야 한다. 일본의 16M D램 출시는 약간 빠른 감이 있었다. 4M D램 수요가 안정적이었고, 4M D램으로도 괜찮은 이익을 내고 있었다. 그러나 같은 시기에 16M D램을 출시해서는 도저히 삼성의 양산에 따른 가격 경쟁력을 극복할 수 없다고 판단한 것이다.

그러나 일본은 차세대 제품을 선행출시하고도 충분한 가격 배팅을 하지 못했다. 16M D램 첫 출고가를 4M D램의 9배 선에서 매겼다. 처음 출시된 차세대 칩은 보통 이전 제품의 30~40배 선에서 가격이 형성된다. 이는 생산 라인 하나를 건설하기 위해 천문학적 자금을 확보해야 하는 반도체 업계의 관행이었다. 8인치 양산 라인을 확보한 삼성의 가격 경쟁력을 의식하여 차세대 칩 선행출시로 얻을 수 있는 이윤을 스스로 축소한 일본 업체들은 이런 상황이 계속된다면 차세대 칩을 개발해야 할지 말아야 할지 망설여진다고 투덜댔다.

반도체 업계는 차세대 칩을 선행출시한 후에는 양산 시기를 고민한다. PC 제조업체 등 소비자에게 차세대 칩의 성능을 소개하고, 소비자들이 차세대 칩으로 건너갈 준비가 됐다고 판단될 때 양산을 개시한다. 차세대 칩은 첫 출시 타이밍도 중요하지만 양산 타이밍은 더 중요하다. 그에 따라 시장을 확고하게 선점하고 최대 수익을 낼 수 있느냐 없느냐가 결정되기 때문이다.

히타치, NTT, 마쓰시타전기 등이 16M D램을 선행출시하고 잠시 뜸을 들이는 사이에 삼성이 선수를 쳤다. 1994년 7월부터 5, 6, 7라인을 풀가동하여 16M D램을 월 100만 개씩 양산했다. 먼저 양산하면 수율을 높일 수 있고, 그러면 제조원가가 내려가 가격경쟁에서 유리해진다. 먼저 출시하고도 양산 시기를 놓친 일본 업체들은 분한 건 고사하고 삼성이 혹시 16M D램 가격을 갑자기 큰 폭으로 내리지 않을까 노심초사했다. 자신들이 이전에 습관적으로 구사하던 전략이 떠올랐기 때문이다. 1994년에 한국은 수출 역사상 최초로 한 품목으로, 즉 반도체칩만으로 100억 달러 어치를 수출했다. 16M D램을 월 500만 개로 증산한 삼성전자는 이듬해 메모리 반도체로만 1조 원이 넘는 순이익을 거두었다.

호암은 병세가 확연히 악화되었을 때 이건희 부회장에게 이렇게 말했다. "반도체는 삼성만을 위한 사업이 아니다. 우리(나라)의 꿈이다. 내 이름 석 자는 잊혀도 내 꿈만은 기억되었으면…."

"내 나이 칠십이 넘었다. 그런 내가 돈 때문에 이렇게 힘들고 위험한 사업을 하겠느냐. 돈은 쓸 만큼 있다. 나라의 장래를 생각하기 때문이다." 호암의 말이 들리는 듯하다.

그 후 20년

반도체칩의 집적도는 1970년대 킬로^{Kilo} 시대, 1980년대 메가^{Mega} 시대를 지나 21세기에 기가 ^{Giga} 시대에 진입했다. 1G D램은 손톱만 한 크기의 칩에 10억 개 이상의 트랜지스터가 집적된다. 삼성전자는 1994년 256M D램에 이어 2000년 512M, 2001년 1G, 2002년 2G, 2003년 4G, 2004년 8G, 2005년 16G, 2006년 32G를 선행개발하고 테라^{Tera} 시대를 준비하고 있다. 1T D램에는 1조 개 이상의 트랜지스터가 집적된다.

외환위기 때 정부는 대기업 간 빅딜(사업 맞교환)을 강제

했다. 외환위기 극복을 위한 조치였지만 결과는 그다지 좋지 않았다. 특히 현대전자와 LG반도체의 합병은 대표적 실패 사례다. 수조 원의 인수자금 부담과 때맞춰 시작된 반도체 불황으로 LG반도체를 인수한 현대전자마저 은행관리로 넘어갔다. 10년 넘게 은행관리를 받다가 자칫 중국이나 미국에 헐값으로 팔려나갈 뻔한 하이닉스를 다행히 SK그룹이 인수하여 SK하이닉스로 키워냈다.

1990년대 중반까지 메모리 최대 강국이던 일본의 변화를 보면 '반도체 사업은 미친 사업'이라는 말이 정말 실감난다. NEC와 히타치가 1999년 12월 D램사업부를 떼어내 합친 엘피다는 2012년 2월 파산했고, 미국 마이크론이 이를 인수했다. 2001년 D램 사업을 정리한 도시바는 2017년 낸드플래시 사업마저 포기했다. D램과 달리 전원이 꺼져도 데이터가 사라지지 않는 낸드플래시는 스마트폰과 PC뿐만 아니라 빅데이터와 사물인터넷, 인공지능 등 4차 산업혁명 시대에 진입하면서 수요가 폭발적으로 증가하고 있다. 시장조사기관 가트너는 2020년경 낸드플래시 시장이 D램 시장을 추월할 거라고 전망한다.

독일 지멘스도 2000년 반도체사업부를 떼어내 인피니언을 설립했다. 인피니언은 2006년 1월 D램사업부를 떼어내 키몬다를 세웠다. 그러나 키몬다는 2009년 1월 파산했다.

2017년 말 한국의 세계 메모리 반도체 시장 점유율은, D램은 70퍼센트 이상이고 낸드플래시는 50퍼센트에 육박한다. 그래서 더 걱정을 많이 한다. 혹시라도 메모리 반도체 산업이 흔들리면 한국경제는 어쩌나 하는 우려 때문이다. 비메모리 기술과 시장을 리드하고 있는 인텔이 2015년 8월 메모리 사업 재개를 공식화하고, '반도체 굴기'를 선언한 중국까지 비메모리에 이어 메모리 반도체 자급을 위한 천문학적 자금을 투자하면서 한치 앞을 예상할 수 없다. 이처럼 불투명한 상황에서 아직도 '4류 정치'가 우리의 기업과 산업계의 발목을 붙잡고 있다.

기업은 영원한가? 아니다. 단 변신을 통해 살아남을 수 있다며, 73세 되던 해에 내가 반도체사업본부장이라며 앞장섰던 호암이 부쩍 생각나는 이유다.

연표

1910. 2. 12	호암 출생
1943. 12	최초의 진공관 컴퓨터 '콜로서스' 개발
1947. 12	트랜지스터 발명
1958. 9	집적회로(칩) 발명
1968. 7	인텔 설립
1969. 1	삼성전자 설립
1970. 10	인텔, 1K D램 출시
1971. 11	인텔, 마이크로프로세서 4004 출시
1973. 10	한국반도체 부천공장 착공
1974. 1	한국반도체 합작투자 인가
1974. 10	한국반도체 부천공장 준공
1974. 12	이건희 이사, 한국반도체 지분 인수
1974	모스텍, 4K D램 개발
1976	인텔, 16K D램 개발
1976	일본, 반도체 공업을 국책사업으로 선포
1978. 3	한국반도체, 삼성반도체로 상호 변경

1978. 10	IBM · 텍사스인스트루먼트 · 후지쯔, 64K D램 개발
1980. 1	삼성반도체, 삼성전자 반도체사업부로 흡수
1980. 2	인텔 · NEC, 256K D램 개발
1980. 4	삼성, 국영기업 한국전자통신 인수
1981. 6	한국, 반도체 산업을 국책사업으로 선포
1982. 1	도시바, W작전 발표
1982. 4	호암, 보스턴 대학 명예 경제학박사 학위 수여
1982. 10	한국전자통신, 반도체사업부 흡수합병
1982. 11	미국 ITT와 통신용반도체 기술제휴
1982. 12	기흥부지 매입 시작
1982. 12	한국전자통신, 삼성반도체통신으로 상호 변경
1983. 2	〈VLSI 신규 사업계획서〉 완성
1983. 3	도쿄 선언
1983. 6	일본 샤프의 16K S램 기술도입
1983. 7	미국 현지법인 Tri-Star 설립
1983. 9	기흥 1라인 착공
1984. 5	기흥 1라인 준공
1984. 7	64K D램 완전동작칩 확보
1984. 8	기흥 2라인 착공
1984. 10	256K D램(마이크론 설계) 동작칩 확보
1985. 5	SSI, 1M D램 개발 착수

1985. 5	기흥 2라인 준공
1985. 6	마이크론, 일본 7개사를 ITC에 덤핑 제소
1985. 6	모스텍과 256K D램 기술도입 가계약
1985. 7	톰슨사, 모스텍 인수
1986. 1	텍사스인스트루먼트, 일본 8개 업체와 삼성을 특허침해 제소
1986. 2	256K D램(SSI 설계) 동작칩 확보
1986. 2	마이크론, 삼성반도체 계약 위반 제소
1986. 4	도시바, 1M D램 양산
1986. 7	미일, 반도체 무역협정 체결
1986. 7	기흥, 1M D램 동작칩 확보
1986. 11	SSI, 1M D램 동작칩 확보
1986. 11	히타치·미쓰비시·텍사스인스트루먼트, 4M D램 개발
1987. 8	기흥 3라인 착공
1987. 11. 19	호암 타계
1987. 12	이건희 회장 취임
1988. 2	4M D램 동작칩 확보
1988. 10	3라인 준공
1988. 10	기흥 4라인 착공
1988. 11	삼성전자, 삼성반도체통신 흡수합병
1989. 4	16M D램 동작칩 확보
1990. 3	기흥 4라인 준공

1990. 8	16M D램 완전동작칩 확보
1991. 6	미일, 2차 반도체 무역협정 체결
1992. 8	64M D램 완전동작칩 확보
1993. 6	기흥 5라인 준공
1993. 7	기흥 6,7라인 착공
1994. 6	기흥 6,7라인 준공
1994. 8	256M D램 완전동작칩 확보
1995. 4	기흥 8라인 착공
1996. 1	1M D램 양산 개시
1996. 11	1G D램 선행개발
...	
...	
2012. 2	일본 마지막 D램 업체 엘피다 파산
2009. 1	독일 마지막 D램 업체 키몬다 파산
2017. 3	도시바, 낸드플래시 사업 매각 공개(입찰)

만난 인물들

카타오카(片岡), 강기동, 강진구, 강창술, 강호문, 고길영, 권성우, 권오현,

김광교, 김광호, 김성현, 김순택, 김영수, 김영인, 김오현, 김완희, 김용쾌,

김익철, 김장련, 김재명, 김재욱, 김종수, 김태익, 김현곤, 김홍인

노희식

덴다(傳田)

마쯔우라(松浦), 문용찬

박신용, 박용의, 박종욱, 박희준, 백영태

사사키(佐佐木), 설희순, 성낙성, 성평건, 소병해, 손무열, 송세창, 신현옥

안정삼, 양덕준, 양원석, 오노(小野), 오창환, 원종섭, 윤정구, 윤학범, 이기윤,

이길현, 이동길, 이병천, 이상준, 이승규, 이용순, 이윤우, 이은실, 이일복,

이임성, 이종길, 이충수, 이형도, 이훈, 임내성, 임종성, 임채복

전상호, 정만영, 정장섭, 정준명, 정홍식, 조남영, 조남용,

조병수, 조성림, 조수인, 주문영, 진대제, 진인대

최생림, 최성열, 최지성, 최창호

하마다(濱田), 한경학, 한기선, 호시노(星野), 홍성원, 홍종만, 홍환훈, 황득규, 황창규

Diane Y. Che, Duke Wiborg, Evelyne Walsh, Judy H. Jeong,

Linda Koppe, Mark Ellsberry, Robin L. C, Thamas Otto

참고한 책

강구창,《반도체 제대로 이해하기》, 지성사, 2005

김찬웅,《이병철, 거대한 신화를 꿈꾸다》, 세종미디어, 2010

김태광,《이병철처럼 꿈꾸고 이건희처럼 도전하라》, 작은씨앗, 2011

류장렬,《쇼클리가 들려주는 반도체 이야기》, 자음과모음, 2011

매일경제신문 산업부,《반도체 이야기》, 이지북, 2005

민석기,《호암 이병철 義 : 신뢰, 원칙, 인재 경영으로 이뤄낸 초일류기업 삼성의 신화》, 리더스북, 2012

박상하,《삼성신화 호암 이병철과의 대화》, 알라딘하우스, 2010

박상하,《이기는 정주영 지지 않는 이병철》, 무한, 2009

박은몽,《너의 이름보다는 너의 꿈을 남겨라》, 명진출판, 2010

야마자키 가쓰히코,《크게 보고 멀리 보라 : 초일류 삼성을 일으킨 호암 이병철의 창조적 삶과 경영철학》, 김영사, 2010

유귀훈,《실록 반도체신화》, 삼성전자, 1997

유노가미 다카시,《일본 반도체 패전 : 혁신의 딜레마》, 성안당, 2011

유노가미 다카시,《일본 전자·반도체, 대붕괴의 교훈》, 성안당, 2013

윤휘종·양형욱,《도전하는 이병철 창조하는 이건희》, 무한, 2010

이병철,《호암자전》, 중앙일보사, 1986

이병철, 《호암자전 : 삼성 창업자 호암 이병철 자서전》, 나남출판, 2014

이재구, 《IT 천재들 : 상상을 현실로 바꾼 영웅들의 이야기》, 미래의창, 2011

이창우, 《다시 이병철에게 배워라》, 서울문화사, 2003

이채윤, 《황의 법칙》, 머니플러스, 2006

진대제, 《열정을 경영하라》, 김영사, 2006

홍하상, 《이병철 경영대전》, 바다출판사, 2004